寇斯的
修行故事
The Story of Koos

莉迪・布格 Lidy Bügel ——著
趙雨青——譯

眾生

目錄

前言

這是寇斯・烏貝里斯・卡普泰因（Koos Oeberius Kapteijn）的故事。他生於一九二六年三月，於二〇〇六年三月去世。我寫下這個故事，並非因爲他有多麼特別；不，其實是因爲他就像我們大家一樣——不斷地在尋尋覓覓、跌跌撞撞、遭遇障礙、製造障礙，時不時地感到自己完全迷失方向，而在下一刻又認爲自己已找到了人生的終極意義。我們的生命不就經常如此嗎？那麼，爲什麼要寫下他的故事呢？

首先，因爲這是他的心願。他想要把自己的生平故事供養給眾生，作爲一個實例，希望能夠藉此幫助人們發現各自生命中的特定問題。其次，從佛教徒的觀點而言，寇斯履行了他這一生的意義。「履行」是一個較爲基督教的字眼，不過我想不出另一個更好的詞彙來表達；這是指寇斯在死亡之後，還維持了三天時間的禪定。對於身爲他妻子的我，以及其他許多認識他的人來說，這是一件非常鼓舞人心的事——當時如此，現在也是。如果寇斯能做到，我們也能做到！尤其是他極爲平凡，不是什麼被認證的重要轉世祖古，也沒有自幼就被送到寺廟裡。他只是一個你可以跟他一起開懷大笑的人，也是一個你會跟他完全鬧翻的人；簡言之，我們大家所有的一切人類缺點，他都有。

本書分成三部分：第一部分是關於寇斯開始接觸佛陀教法之前的經歷；

第二部分是關於他在接觸佛法之後的生命進程，並且簡短記述了「我家（Us Thús）」或稱為多納．蔣秋．闕林（Dongag Changchub Chöling）的創立與發展；第三部分也是最後的部分，敘述了寇斯生病與死亡的過程。

這三章全都交替穿插著我個人的記述以及來自寇斯本人的引言，三章的內容都相當簡短。關於寇斯的生平，當然可以用長篇的敘述來塡滿更多的篇幅，但那不是寇斯所希望的。關於「我家」的沿革也交代得很簡短，因為本書不只是為了激發若干回憶，作為在火爐旁供人閒談的一個話題而已。本書的意旨在於彰顯如下重點：即使你的起點是處於全然的迷惑混亂之中，你仍然能夠在生命結束的終點時，到達圓滿明覺的境地。

願這本小書能為眾生帶來啓發，並對一切眾生的暫時安樂與究竟解脫有所貢獻。也願本書的讀者能夠深深發願，爲自己的死亡做好準備，並且了知死亡是一件「沒什麼大不了的事」。

莉迪・布格（Lidy Büyel）

第一章 開始

重複的模式編織出生命的進程，
如同漂流沉積的細沙，
近看混沌無序，
遠望卻有著強烈的關聯性。

寇斯命中的特點就是具有諸多障礙，不是物質上或肉體上的障礙，而是心理上的障礙。這些心理障礙造成了大量的衝突。從他的早期童年開始，他的隨興、他對自由的迫切需求、他覺得「人人平等而且人人和善」就造成了他和父母之間的很多巨大對峙，尤其是與他的父親。他的父親是弗里斯蘭（Friesland）省的第一位兒科醫生，具有與寇斯完全不同的觀點。那在一九三〇年代並非不尋常的事。他的家境富裕，住在李瓦登（Leeuwarden）的火車站對面。他們有很多僕人，包括兩個侍女、清潔工，以及一個負責煮飯和上菜的人。在那個年代，人們通常會與和自己相同社會階層的人往來。當時的社會關係就是如此：上流社會人士與上流社會人士往來，下層階級與下層階級往來。在有意或無意間，寇斯年紀很小的時候就破壞了那樣的體系，再加上他對於採取行動的巨大渴望——他的母親說他「動來動去的」——便帶來了眾多的衝突。例如有一次，他搭公車司機的車到另一個鎮上，在沒有女僕服侍用餐的情況下，留在那裡和學校的朋友一起吃了一頓飯。他的父親爲此大怒不已，在書房裡好好數落了他一頓之後，讓寇斯回到自己房間關禁閉，不准吃晚飯——這可是家常便飯的事。

頭十年也是問題重重的日子。他的父親得了一種當時無藥可醫的眼疾，唯一的治療方式就是待在暗室裡休息，這對全家人都造成了負面影響，加上那時大家還憂慮他的父親是否從此再也無法執業。

因爲父親在「休息」，所以每個人都必須保持安靜。而寇斯實在不是一個安靜的人；只要寇斯一放學回家，大家都會知道，因爲肯定聽得到他的聲音。一九三八年的時候，寇斯的父母帶著他們最小的孩子前往瑞士與義大利尋求醫療建議並且進行了一種治療方法，他們在海外待了幾乎一年，那段期間寇斯和比他略微年長的姊姊住在父母的朋友家裡，那是一對富裕的夫妻。寇斯對此痛恨不已。

至於學校方面，因爲他的父母深信自己的兒子非常聰明，讓他跳過了小

寇斯與他的父親及姊姊

學一年級；他在年幼又沒有朋友的情況下，直接從二年級開始就讀。然而他拒絕迎合父親的期望，這又造成了更多的衝突。那時他的父親會把他叫進書房裡，輕蔑地告訴他：「你可以做得更好」或是「你沒有盡力」，並且命令他在學校的放假期間做額外的功課。他那從不公然違背丈夫的母親則從中作梗，老是在他父親不知情的情況下，偷偷拿著各種糖果到他的房間裡給「她的小寇斯」。這種情況一直持續到他上中學的時候。

然而，他們的父子關係也有好的一面：在寇斯很小的時候，父親就教他開車——坐在兩個椅墊上。而且他的父親也經常帶他一起去醫院或別人家裡探視小病人，並經常讓他做一些小助手的工作。那個時候，父子之間就沒有摩擦，而且他的父親對自己的長子信心滿滿。

二次世界大戰開打（並且德國佔領荷蘭）的時候，寇斯得到一個出乎意料的機會，得以逃避父親的種種規矩。那時他已經和家裡那位必須稱呼他為「寇斯小主人」的第二名女僕私下通信一陣子了。因為實行宵禁的緣故，必須有人在晚上把她從體育館帶回來；而當他在鄰村朋友家時，當然他會特意錯過了宵禁時間無法回家，所以必須留在那裡過夜。此外，他現在有機會充分運用他的辦事天份，像是到弗里斯蘭北方的農民那裡找食物、把他父親的車子藏起來不讓德國人染指等等。在戰爭的最後一年，他獲得了中學文憑，並且受到徵召去德國工作；他的父親想出了一個猛烈的解決方法，就是給寇斯打了輕微劑量的毛地黃製劑，讓寇斯出現傷寒的外部症狀——腹瀉與嘔吐——然而，也因此讓他患上了心律不整的後遺症。他的父親讓他待在一間暗室裡，或者應該說是把他鎖在一間暗室裡，在房門上貼了張「重度傳染病」的告示。在那裡，十八歲的他，孤伶伶的非常害怕，但又極爲叛逆。這種情況持續了幾個星期的時間。我不知道最後是如何結束的，因爲寇斯從來不願意多談那一段時期。最後他們給他在弗里斯蘭北部找到一個藏身之處，那對他來說眞是一大解脫！沉默寡言的農民讓他以及一些躲藏在那裡的其他人一起工作，寇斯很開心。但是其後，農民的女兒卻與寇斯陷入熱戀，於是他被藏在甜菜根底下，轉移到另一個隱藏處。

那些年可能還有一件事情讓他感到極度不快，就是雖然寇斯加入了反抗組織，但事實上他們不但忽視他，而且告訴他，因爲他父親的緣故，所以他們並不信任他。他的父親雖然並未向德國人示好，但也沒有太過於反抗他們，而且還曾經有人看過他的姊姊和一個德國軍人走在一起。所以，雖然寇斯算是抗德份子，但並沒有眞正獲得反抗組織的接納。

早在他的生命初期，寇斯會成爲一位家庭醫師就已經是確然無疑的事。所以在戰爭結束之後，他就前往格羅寧根（Groningen）學醫。他的偉大楷模是他的外公：楊・盧卡斯・范胡騰（Jan Lukas van Hulten），他正是一位家庭醫師。即使寇斯還是一個小男孩的時候，就覺得與他的外公非常親近，那時他的外公經常乘著兩匹馬拉著的小馬車前來造訪寇斯的雙親，外公把那兩匹馬分別按照寇斯和他姊姊的名字來命名。寇斯的爺爺則和他疏遠得很，他的爺爺是「炒股票的」，非常富有，每兩年就搬到一座新的鄉下宅邸，生

寇斯與他「炒股票」的爺爺

怕自己會死在自己的房子裡。他認爲只要自己不斷搬家，死亡就會離他遠遠的。寇斯認爲外公范胡騰是家庭醫師的模範，家庭醫師就應該像他那樣。

我的外公楊・盧卡斯・范胡騰是洛珀瑟姆（Loppersum）的一位家庭醫師。正如我說過的，他是我的偉大楷模。他總是隨時隨地準備好對所有人伸出援手，沒有什麼不看診的時候，而且除了對格羅寧根那些有錢有勢的富裕農民收費以外，幾乎很少向別人收費。他還是社會主義領袖特若爾斯特拉（Troelstra）的朋友兼支持者。

離家，學習……是如何繼續的呢？

我自己在青年時期的心態令我處於不穩定的狀態。就在國家剛剛獲得解放、我結束住在家裡的生活之後——這幾乎像是一種雙重解放——我進入大學就讀的生活完全像是一場風暴，不受約束又充滿了理想主義的氛圍把我捲了進去。我現在很清楚自己在大學那些日子的難解作爲，主要是由於一方面我想獲得別人的喜愛，我有些領導情結，而另一方面我又不想耗費精力在上面，結果就是我的成績不太好，而且經常曠課。

此外，我的精力流失在情色之中。我迫切地想要一個「普通自然的女朋友」。迫切到有一天中午的時候，我詢問一位極具吸引力、外貌嬌柔的女孩是否能和她一起走走——我完全不認識她，她只是正好走在格羅寧根的公園街上。她有些愕然，不過同意了。我把她帶回家，那是一個上層的公寓，在一條稱作水果街毫不起眼的街上。我們兩人陷入熱戀，而且有數年的時間維持著我覺得輕鬆自在的親密關係。她的簡樸家人接納我成爲他們家的一份子（她父親是「范根德與婁思」（van Gend and Loos）那家公司的貨品運輸工頭）。她的父母幾乎入不敷出，不過我們的關係親切，彼此友好。但是，但是……！在我家那邊，對於我可能和比自己階級低下的人結婚這樁駭人聽聞之舉，當然是強烈地反對！

接下來幾年充滿了激烈的衝突，經過無數爭吵辯論之後，寇斯終於如願以償，然而那段感情卻沒能維持下去，留下了大量未能平息的悲痛與創傷。

寇斯取得了他的學位文憑，卻同時發現自己是走在一條錯誤的軌道上，或者用他自己的話來說，就是：「我現在何去何從？」然而，沒什麼時間讓他多想……他娶了一個因爲自己而懷孕的女孩，而且還要去服兵役。他成爲一名海軍醫生，有數年的時間在海上。回到陸地之後，他成爲一名鄉下的家庭醫師，有自己的藥房，在那裡變成和他外公類似的家庭醫師：一週七天，日夜應診。他愛極了這樣的生活。接生愈多的小孩愈好。他所有的天份都顯

在海軍服役時期的寇斯

露出來：因地制宜，即席發揮，想辦法完成任務，並且是歡歡喜喜、熱情洋溢。沒有護士幫忙？沒關係，他自己一手包辦。沒有電？沒問題，他的病人對他死心塌地，給他什麼都不嫌多。他和其他諮商醫師的關係良好，經常與他們會診討論，甚至在需要的時候，他也會接他們一起到病人家裡看診。然而……

要設身處地、真正明白他人的感受並不容易，即使你和這個人共同生活多年，也很難明白那句「然而……」到底是什麼意思。當然，原因不只一個，無疑是出自諸多因素混合在一起的結果。事實上，我相信寇斯自己都無法回答那句「然而……」是什麼意思，而且他也沒有花時間去探究。他的解決之道就是超越它，成爲荷蘭最好的家庭醫師。

他和家人搬到一個更大的城市，創辦當地第一間共同執業診所，發展出一套病人卡制度；接著他又經歷了離婚、放棄執業，開始一段新的情感關係，並成爲「荷蘭全科醫師學會」的聯席會長，隨後成爲「荷蘭全科醫師協會」的會長。

在那裡，情況眞的變得一團糟。寇斯是個技術人員，最擅長治療一個複雜的傷口，或是照料重病或臨終的病人，但他絕對不是當會長的料。此外，他是個從小就厭惡任何形式權威的人，現在卻發現自己加入了權威體系。不只如此，他理想中的家庭醫師以他的外公爲典範，那和當時的風氣完全格格不入。但是寇斯總是不顧一切，他深信自己是對的，在太歲頭上動土，公然反抗——我想他深信自己能夠改善情況。但他的問題不止於此，因為他很難將自己的理念與主張訴諸言詞，特別是在一個協會的架構中，他的同僚不理解他，通常在他說完話後，緊接的是一陣沉寂。那把寇斯嚇壞了，而且對清楚的溝通沒什麼幫助。

我必須說，我能想像當時的狀況。我想雙方都完全立意良善，畢竟他們不是無緣無故就請寇斯來管理協會的。但是當寇斯想要說些什麼或解釋些什麼，尤其是他對這個議題懷抱熱情的時候，總是叨叨絮絮、言詞繁瑣、句子冗長，很多人會迷失在他的長篇大論中而不知所措。那肯定對所有人都是非常挫敗的經驗，特別是對寇斯，因為他往往能清楚見到事情的實際運作狀況，並且也有著才華煥發、具有創意的極佳點子。這是他生命中的一個重大轉捩點。只要讀讀以下他在死前一年所寫的文字，讀者就會覺得那似乎只是昨天才發生的事。

現在家庭醫師的「整體性」功能正在逐漸崩潰，我在此要敘述我自己體驗和觀察到的一些風氣，它們使得家庭醫師的職責範圍正在縮減、枯竭。家庭醫師曾經有幾個可供差遣的醫療助理，他們認同家庭醫師的工作方式，因而其珍貴工作對家庭醫師的工作品質有著巨大貢獻。他們棒極了！還有分區護士，他們經常爲了自己的病患而四處奔波，並且是全心全意地投入這份工作。他們也棒極了，直到「有組織性的工作」這個斷頭台把他們的頭和心給分開了。此外，還有更多的支援性專業，像是社工、助產士等等，他們也不時地提供貢獻。只要這一切都在醫療保健的領導下，他們就能擁有最終決定權，能夠像一個有能力的司令官一樣，決定關於病患及其家人的行進方向，那麼一切仍然會朝正確的方向發展。但是，從大學那個理論堡壘那裡，開始逐漸吹起了烏雲——系統性掛號，又一個新發明的職業，主要是爲了心理上的目的而發明出來的，滿載著滔滔不絕的邏輯、分析、會議以及其他完全多餘、沒事找事做的科學性。分崩離析的洪水即將爆發，首先鳴發的是一份新雜誌《荷蘭全科醫師科學期刊》（*Dutch Scientific Journal for General Practitioners*）。（就我看來，科學與全科醫師之間的關係應該是家庭醫師繼續當老闆，使用科學作爲工具——「服務家庭醫師的科學」。）接在這之後的是一份報告《全科醫師的系統性方法》（*A Methodical Approach for the G.P.*），那一度被當成是家庭醫師運作的新指導原則，證明是對昔日溫暖自發、富有同情心的家庭醫師猛插一刀。那些老式醫師過去總是帶著不可摧毀的精力與動力，按照自己的節奏進行工作，使用自己的常識做決定，並且擁有病人的完全信賴。那種類型的家庭醫師和我一起沉沒在全科醫學所謂「發展」的不退浪潮中。荷蘭全科醫師工會與荷蘭全科醫師會很不幸地缺乏具有明見的領導人，加上見錢眼開的國家全科醫師利益協會，於是被迫順應潮流，出現了很多鋒芒畢露的人物，他們自大不已，像是有一位家庭醫學教授——這是個自相矛盾的詞彙，因爲全科醫療這門學問應該是一門工藝，適用於對這門技術的精通練達，而不是所謂的學術研究。他們開始強制施行耗費時間的複習課程，這是由沉迷於進步與創新的製藥工業所創始、教唆和買單的。之後接著就是令人疲憊的浪潮，充斥著更耗費時間的各種程序（後來成爲強制性），例如掛號、會診以及其他多餘無用的小題大做。這全都耗時費力，進而剝奪了與寂寞老人與病患每個月一起安靜喝杯咖啡的機會，他們很多人都患了慢性疾病或不治之症，非常需要這些令他們開心的拜訪，並且也感激這些拜訪。然而醫生「太忙了」。大家都知道那慈愛的全面照護跑去了哪裡——在這僞裝發展的洪流之中，公關宣傳、電視以及病人的解脫完全失去控制。每個來看醫生的人都已經形成了自己的意見和想法。不像在過去，醫生告訴病人該做什麼和要注意什麼，現在似乎變得醫生就只是在那裡，對病人想要的做法表示同意，而且背後還存在著會因某些極瑣碎的事情出問題而挨告之風險。這就是那一切貌似急需的改革進步所帶來的結果。可憐的醫生！不過更重要的是，可憐的病人！我辭去家庭醫師這個職業，同時告別了很多事物、很多病人和眾多的朋友。我的心中充滿了巨大的悲傷。

爲此，這是在寇斯臨終時禁止提起的話題，因爲我相信他會從死亡爬起來，就爲了再次述說他是如何失去自己鍾愛的職業。

我想對於很多男人來說，這是個令人恐懼的時刻。寇斯失去了會長職位，同時也失去了他的家庭以及很多朋友——包括私人朋友和職業上的友人。再次，他絕望地質問自己：「我現在何去何從？」

寇斯自己寫下了這一段話：

一切都變得愁雲慘霧，也對我的周遭環境造成了很大的破壞和痛苦。爲此，我感到深切的懊悔。我發現自己被夾在兩種力場之間：

- 一方面是一種欠缺考慮、一時衝動、想要滿足自己感官的傾向。這些是負面的習氣，現在我後知後覺地明白這些就是五種煩惱——瞋恨、執著或貪愛、嫉妒，以及就我的情況來講，最嚴重的就是驕傲自大；這些全都源自基本的煩惱，也就是無明。
- 另一方面是一種正面的習氣，一種潛藏的根本傾向，想要仁慈溫和地對待並且幫助我周遭的人，以及有情眾生。

我能夠與這兩者完全分離並且同時找到安寧之處，就是作爲家庭醫師的工作。在我不工作的時候，因爲情緒化的錯誤而生成的自我膨脹，促使我更加朝向感官意識的方向發展，而不是朝著行善的本能方向發展，蹂躪著這個天性。難怪我內心極度地迷惑混亂；對我來說，就像一個巨大的、打不開的結。我嘗試了各種不同的手段，像是精神分析、心理綜合法❶——只要你想得到的，我全都試過。充其量也不過是偶爾會有一線曙光穿越烏雲照耀一下。有三年的時間，我採用弗洛伊德式的精神分析。我學習了心理綜合學，首先是當學生，之後成爲教師。但似乎到處都找不到能夠開啓眞正光明的開關。

然而……在他無堅不摧的樂觀心態幫助下，寇斯追尋著自己的道途。他創辦了自己的心理綜合醫療業務，開始一段新的感情，並且也成為醫護酗酒人士的醫生。在酒精中毒診所那裡，他又撞見了下一個權威挑戰——那位醫療主管主張的醫療方法與寇斯的截然不同。但是在這段關係中，卻發生了美妙的事。經過非常多輪的激烈爭辯之後，那位主管做了一個突破，最終為他們帶來了一段基於容忍與互相賞識的關係。再也沒有人需要被說服另一人是正確的；在多年的競爭之後，情況大大地得到了舒緩。

譯註：

❶ psychosynthesis，指把精神分析與沉思和鍛鍊相結合的一種心理治療方式。

然而……在他自己的心理綜合治療執業當中，又迅速出現了懷疑的裂痕。

心理綜合學吸引我的地方在於它的出發點是全面性。最終，這似乎成爲二元思維與行爲的終點。我的工作再次爲我帶來歡樂，之後，我甚至接受了心理綜合學的訓練。但是逐漸地，我對這個理論能否有效治癒所有的精神病病人，產生出新的懷疑。仍然非常強調存在著一個「我」，而這個「我」受到了或這或那的破壞。在大多數狀況中，機靈的自我發展出更細緻和甚至更具傷害性的方式，造成精神病以及隨之而來的痛苦。我自己的感覺是，這裡必然存在著一個缺失的環節。「對於要從自己所創造的痛苦之中獲得眞正的痊癒，我往往把自我抱怨當作與痊癒不相干的事情，那經常被投射在其他人與權威者的身上。我大多數的病患並沒有爲此對我心存感激」，只有一、兩人捕捉到這點火花而開始對心靈進行眞正的內在檢視。這足夠把你逼瘋了！但是我沒有失去理智，而是堅定地在這一片漆黑中繼續前行，我的信心堅如磐石，深信這全都是必須的。

寇斯不斷尋找那個缺失的環節。我有時會問他：「你也做過那個嗎？」

是的，他也那麼做過。

直到有一天，我在馬斯博莫（Maasbommel）遇見了袞秋．倫祝格西（Geshe Könchok Lundrup），他是一位貨眞價實的藏傳佛法導師。在我求助之下，他乾澀地說，首先我應該在早晨做金剛薩埵的淨化修持，十萬遍……並且在一個禪修墊上坐下——有點像是「每天早上去淋浴，沖掉你最糟糕的穢物。」那個時候我眞的對佛教教法一無所知，更別說金剛薩埵是什麼人或是什麼東西，或到底是指什麼。

然而我受到這位格西那種明擺著、直截了當的方式所吸引，我一回家就立即開始按照這個指示做這個簡單的修持，而且從那時起，就沒有一天漏掉這個修持。此外，我跟著這位老師上課，學習佛教理論，所以一點一滴地，我那應該是恆常的見解體系開始動搖，我較能清楚見到自己的負面習氣和作爲，於是它們開始逐漸融化、消失。

與袞秋・倫祝格西的這次碰面是寇斯生命的轉捩點，但是他之後的進展如何呢？格西稱寇斯是自己「最老的學生」，由於語言的障礙過於巨大，以至於他無法進行足夠的溝通。剛好，寇斯又恰巧在多爾多涅（Dordogne）遇見了貝瑪・旺嘉仁波切。

格西拉給我對淨化法門的初步介紹，從一個自我導向的心態轉化成以他人爲主的心態，如同佛陀所教導的生活。貝瑪・旺嘉仁波切則更進一步地引導了我。由於我早年就開始與所謂更強大的敵人進行爭戰，因而產生了搞破壞的狡猾副作用——那是一種暗中消除力量的方式。這對我產生了習慣性的訓練，有時候幾乎是無意識地進行著。例如，我經常不按老師的話去做。我知道自己應該全然相信，他的指示必然是爲了讓我能在解脫道上有所進展，然而我卻總是存有一絲偏執妄想：「我是被俘虜了或是被羞辱了嗎？」接著，當我讀到那若巴與帝洛巴的事蹟時，我確實欣賞那若巴的勇氣與信心，然而當換作我自己時，我卻會猶豫不決。

我也開始明白，我從前自認是自然隨興的個性，其實包覆著一層自大頑固的泡沫，這確實阻礙了我對佛陀教法的修持。所以我非常努力地在自己的言語行動中抑制這種自大頑固，內心也獲得了很大的洗刷淨化。而在我與自己導師的交流當中——就我的體驗來說，他就是佛——我那些隨興的念頭與作爲凝結了，那時我感覺自己像是一隻羞怯的小麻雀，與證悟者完全無法相提並論。在貝瑪．旺嘉仁波切接受我作弟子的初期，他就已經直接挑戰了我的那層泡沫，他所使用的方式經常令我感到面頰上火辣辣的赤赧，並且在內心深處獲得永誌難忘的教訓。

第二章　進步

奔跑，

他們正在標記

時間。

寇斯是怎麼遇見貝瑪．旺嘉仁波切的？就像許多其他的西方人一樣，他也抱持著必須尋找一位導師的想法——不是在荷蘭尋找，而是去印度。他收集了一些地址，請假前往印度。他是自己一個人去，而且帶了超多的東西。甚至在阿姆斯特丹的史基浦機場，都還有人帶著很多袋裝得滿滿的兒童外套，要請他幫忙帶給達蘭沙拉的藏族兒童。你讀到這裡的時候，可能會想說「那又怎麼樣？」但是所有認識寇斯的人都知道，寇斯有幾個古怪之處。在寇斯一生當中，一直都擁有一台露營車，或大如一台舊型城市公車，或是比那小些；對愛好自由的寇斯來說，要在特定時間抵達機場、並且將自己交付給一個飛行員，跟他一向抱持的觀念與做法是背道而馳的。而且寇斯之前從來不曾單獨一個人度過一段較長的時間。

總之，印度讓寇斯手足無措。在一片混亂中，他時時刻刻忙於把自己所有的行李兜聚在一起。公車與火車總是人滿爲患，單獨的個人座位在這裡可說是前所未聞；人們橫倚在他上方，在他腿上幫小孩換尿布，而且一直目不轉睛地看著他。他必須四處旅行，因爲他所收集的地址遍布整個印度各地。但是，每當他好不容易到達一個目的地的時候，他所尋找的那位老師似乎總是那麼恰巧地剛剛離開。這種情形持續了好幾週。好在寇斯是個不知道什麼叫做放棄的人，他堅持繼續找下去；他遞送了所有的小外套，探視了所有的兒童，並且與藏族醫生卓瑪一起會診，但是，他所尋找的導師還是不見蹤影。直到有一天，有人建議他去尼泊爾，並且給了他一張上面寫有確吉．尼瑪仁波切（Chökyi Nyima Rinpoche）名字的紙條。經過某次差點在德里把自己電死的遭遇之後，對於能夠離開德里前往加德滿都，寇斯感到如釋重負。

寇斯找到指名的寺廟，登上通往入口的眾多階梯。一位簡樸的僧人站在台階上問他來做什麼；寇斯從口袋拿出那張皺巴巴的字條，說自己在找叫這個名字的人。那位僧人說道：「那就是我，我一直在等你。」他叫寇斯隔天再過來。

確吉・尼瑪仁波切在他的寺院裡有一間會客室，不過隔天寇斯到達的時候，仁波切卻是帶他去到自己的私人房間，並且開始一項冗長的儀式，完全以藏文進行；那是好幾個灌頂，而寇斯一直沒法搞清楚到底是哪些灌頂。結束灌頂之後，確吉・尼瑪仁波切說尼泊爾太遠了，寇斯應該去法國的多爾多涅找一位根敦仁波切（Gendun Rinpoche），請他做自己的上師。

寇斯回到荷蘭的時候變得非常削瘦，並且隔天就坐進自己的露營車，開往多爾多涅；但是當他到達的時候，根敦仁波切似乎就在前一天離開那裡去了印度。這位上師的中心在一座山丘的山腳下，同一座山丘上還有別的中心。寇斯不知道該怎麼辦，他決定走一小段路上山去思考，於是他來到了下一個中心：法音中心（La Sonnerie），並且走了進去。

他在那裡碰見了誰呢？就是貝瑪・旺嘉仁波切。仁波切熱情地歡迎他，並且叫他隔天再回來。那一天他領受了完整的指示，他也依循著這些指示，一直到離開人世的那一天爲止。

我遇見寇斯的時候，他六十二歲。我對佛教一無所知，而且也絲毫不感興趣。我覺得那個放著照片和蠟燭的佛壇很奇怪，並且亂糟糟的，而他所講的那些關於多爾多涅和他上師們的故事，也讓我丈二金剛摸不著頭腦。我們相識之後不久，就一起前往多爾多涅。我見到了貝瑪・旺嘉仁波切——我想我就只見到他幾分鐘的時間吧，但他看了看我，那一眼讓我覺得，自己彷彿是赤裸裸地站在那裡。我覺得（雖然那微妙到甚至不能被稱作是一個感覺）

那一眼是在問我：「你怎麼還在這裡？」我不知道自己該做些什麼，那種感覺維持了相當長的一段時間。

幾年之後，我們搬到弗里斯蘭，對於長期居住在荷蘭南方的寇斯來說，彷彿是一大解脫。他回到了自己的起源地，回到他童年時期經常騎單車漫遊的時光，獨自一人逆風而行，伴隨著自己吹奏的口哨聲。在那裡，我們開始做一些早晨的禪修，而我也在那個時候爲佛陀教法所觸動；最初那幾年，我們常犯的毛病是：自己明明所知有限，卻認爲自己知道的很多。貝瑪．旺嘉仁波切與他的弟弟吉美．欽哲仁波切（Jime khyentse Rinpoche）蒞臨弗里斯蘭，在沃德森德（Woudsend）的風車磨坊裡給予我們美妙的開示；但我

貝瑪·旺嘉仁波切在風車磨坊裡給我們開示

們對於那次行程，最深刻的回憶卻是在晚上和孩子們一起玩牌，以及上師們用難以置信的方式在作弊！

在弗里斯蘭的頭幾年並非最快樂的時光；我有我自己的煩惱，而寇斯也一而再、再而三地因心理綜合學與佛陀教法之間的歧異，不斷地產生內心的衝突。此外，有一個開發商突然收回了我們的房子，不管我們是否想要搬遷。於是我們所有的執著在瞬間爆發了出來——我們的房子，我們的院子，我們的樹……但是在當時，我們對這件事毫無置喙的空間，唯一的選擇就是另謀他處。於是我們在弗里斯蘭四處晃蕩，每當我們覺得自己找到一個可以安身的所在時，就會打電話給仁波切，而他總是回答說：「可以啊，爲什麼不呢？」

有一天，一個地產仲介商打電話給我們，說他在桂恩特普（Greonterp）有個適合我們的好地方。我們去看了一下，那裡非常空曠，是一座大農場，牛群看起來很健康，甚至在我們還在那裡的時候，生出了一隻小牛；農舍雖然已經棄置多年，然而屋外的陽光燦爛，仲介商盡其所能地強調戶外的空間與寧靜的氛圍。「完全是個佛教徒的地方。和達賴喇嘛有關，對嗎？」

我們只有一個下午的時間可以考慮。於是我們把車停在房產仲介商的村子裡，站在橋的另一端望向那棟房子。我不記得我們對於該買或不該買這座農場討論了些什麼：那可能不太好，對……也可能不是如此……對……結果，就是「買了」，兩個小時之內。

這座取名爲「我家」（Us Thús）農場的設立，完全是無心插柳的結果。

「我家」農場

早晨有禪修，然後上師來訪，結果就變成了一個名叫「我家」的中心——就連這個名字都不知道是從哪裡冒出來的。我們找房子的時候，有兩個要求：必須要有一棵樹，而且必須能看到斯邦能堡（Spannenburg）的高塔。這有點像是我們在法國的時候，會比賽誰能見到最綠的雪鐵龍 2CV 車子；而且等寇斯變得非常老而且有點健忘、可能會走丟的時候，「我家」會是個容易記得的名字。奇怪的是，隨著日子過去，這個地方確實體現出其名稱的意涵。Us Thús 在弗里斯蘭語的意思是「我們的家」，它確實成爲很多人在艱難時期的家，也成爲很多被遺棄或年老、生病動物的家。

同時，我們在那幢大建築物裡鞭策著自己，雖然有時候頗爲絕望……一九九八年，我們的會訊上這麼寫著：

夏日的「我家」

今天是三月三十一日，恰恰是我們拿到瑞普六號這座農場鑰匙的第五年。我們花了很長一段時間才克服自己最初的驚愕。在經過一個月又一個月地尋找新家之後，我們猶豫著，不知道自己是否應該這麼做……在二月一個陽光明媚的日子，我們僅用一個下午的時間，就決定買下這座農場。我們面臨的是一座空蕩蕩的廢棄農場。我還記得，因爲總是得從某處開始著手，於是我開始粉刷廚房——那眞是全然無意義的勞動！

五年過後，現在我們開始略微認識了「我家」的各種聲音。暴風雨的時候，我們不再因爲巨大的劈啪聲響而感到害怕；聽到每一滴雨水落到穀倉上的時候，也不再想像整個屋頂會漏水。一步步地，我們與這棟巨大的建築物達成了和解。我們得到桂恩特普和布勞豪斯很多人的幫助，他們以自己過去和現在的故事來激勵我們，並且積極地伸出援手。可別忘了木匠，每當我們注意到哪裡又有一處裂縫的時候，他總是簡練地聳聳肩膀，把它當成小事一樁來解決。

在這五年期間，上師們給予我們許多教誨，並且總是隨時隨地準備好和每一個人交談、給予指導，他們在「我家」留下了不可磨滅的印記。我們的相冊能夠證明「我家」的風貌。很多人都是這裡的過客，有些人會留下，有些人會再次回來。

「我家」的內部也有了很大的變化。你現在能在當年牛隻站立的地方吃飯。淋浴房和廁所的排水管仍然通往過去牛糞消失的地方——堆肥坑，而過去養雞的閣樓，現在也成爲另一處棲息之所：一組閉關房。所以就某方面而言，最終的變化也沒有那麼多。

農舍準備好了，院子裡種起樹木和矮樹叢，旗幟飄揚……激勵人心的課程所需的一切，皆已然準備就緒。而其中，最讓人悸動的課程就是：靜默。這是聆聽你自己呼吸聲音的機會，並且在春天的時候，還有黑尾水鳥的叫喚聲；屋內的靜默，屋外的靜默，尤其是你自己心裡的靜默——換句話說，就是「心靈的平靜」。

「靜默」適切地描繪出我們那些年頭所面臨的最大挑戰。同時，寇斯永久告別了心理綜合學，他想將自己剩餘的生命完全奉獻給佛法，過著安詳簡單的生活。但那並非易事，因爲這幢巨大建築物總是有著各式各樣迫切的待辦事項，同時我們也開始翻譯佛教書籍——這不是我們決定要去做的事情，不是我們說「我們想要翻譯」，完全相反。話說有一天，貝瑪．旺嘉仁波切在造訪「我家」的時候，留了一本書在桌上，嘟囔著「要是能把這翻譯成荷蘭文會很好」之類的話。於是在一個美好的日子，我們發現自己在桌前坐下，就著那本書和一本字典開始翻譯；但事後我們發現，這對我們兩人來說，都是很能夠安定自心的事情。此外，我們還試著進行閉關（這又是貝瑪．旺嘉仁波切的要求），寇斯和我輪流，有時是他，接著是我，然後又是

貝瑪．旺嘉仁波切拜訪「我家」

他。但那並非總是個避風港，如寇斯在一九九五年寫道：

老是有狗在吠叫，山羊在咩咩叫，或是一隻貓從你腿邊蹭過。有一片磚是歪的，鴨子在呱呱叫，時鐘在噹噹敲打著，公雞在逃跑……然後是一長串難以捕捉的逃犯：帕瑪森起司在哪裡？現在幾點了？

也總是有一長串的事情要做，關於小鍋子、植物、棚屋、動物、清潔工作、刷牙、還沒採購、牛奶沒了……修持、咒語。

沒有安靜地坐在圍牆上這回事，寇斯總是「在四處奔波」，全然混亂無序的各種活動，奔跑，關門，開門，我想要出去，外面，正面的態度，對，你大可以這麼說。但是爲什麼？爲了什麼？太多的事情，太多的食物，太多的眾生，二十隻蒼蠅在一個塑膠袋裡。千萬別忘記及時釋放它們，別忘了麵包，幾乎快吃完了，想想時程表，太多空間，房子太大了。

圓滿中的混亂，禁語閉關。貝瑪·旺嘉仁波切：「心的寂靜廣袤。」寇斯：「心就像一隻搖擺著尾巴的鶺鴒。」左，右，左，右，小小跳一下，左，啄一下，再啄一下，飛起，落下，啄一啄。

我拼命地尋找眾多之中的有限、時間表中的鬆散、空間中的限制，簡而言之：證得空性。

喔，我修持的時間到了，恐懼，害怕。教法是什麼？現在如果能夠開著我的巴士遠走高飛會有多好，那我就可以休息，有空間，沒有憂慮。寇斯，那是什麼樣的幻相！！！！全都是心，停下，完結，結束了。呸！！！！

打坐，呼吸，交流，即興發揮，此地，此時，這裡，當下……

這個早晨已經有過多少的念頭和想法？成列成堆！高高地築

起，像一棟摩天大樓！我仍然在嘗試思維什麼是佛法。是沒有想法的想法、沒有見解的見解？非造作，無所住，但卻是覺醒的？

大悲之入口，
如此無窮無盡之源頭。

對一個外人來說，「我家」的生活若非本身就是種休息，就是無聊的不得了。但對我們來說，則是兩者皆非，因爲總是有什麼事情在發生。我們發明了一個說法：「典型的我家」，意思就是當一切事情又出了差錯，又來了一隻不僅年老體衰而且似乎百病叢生的動物，或是又有一個飄蕩的靈魂站在圍欄邊的時候。所以，完全不無聊，總是有些想法，有新的洞見：

心靈的覺醒狀態。我們總是尋尋覓覓，受到自己對痛苦、迷亂的執著所支配，這種痛苦、迷亂是因爲我們變得更世俗、更成熟，而不是回歸我們天眞無邪的孩童特質。我們受到自己野心的誤導：想要變得完整，變成一個強壯的大男孩，變得受人尊敬——宛如心理健全的人就該這麼做，似乎相應了我們對證悟的想法：年長的智者，有智慧的爸爸、老奶奶……然而，密續對證悟的想法則截然不同，那是關於青春純眞，關於年輕自由……伴隨著新發現，是新鮮的、興奮的、令人驚奇的。

所以不是像「原始吶喊」這樣的一回事，而是赤子般的坦率開闊。所有先入爲主的成見全都消失——不復存在！

然而，我們非常需要寂靜安寧。雖然我們居住在「世界的另一方」，卻比任何時候都更加忙碌。

學習停下，學習靜止不動。

當我見到自己以及身邊這麼多人陷入對名聲、利益、認可、快樂各種層級的貪婪之中而動彈不得時，我的心中充滿了深切的悲憫之情。在這個社會中，一切總是必須求好求異，我對此知道的可清楚了。首先是我被撫養長大的方式，我想那樣的方式欠缺了很多東西——總是一再強調不允許我做的事情，強調我沒有得到的東西；我永遠應該用不同的方式行事，尤其是應該做得更好。爲了求取進步，爲了獲得認可，我總是追趕到喘不過氣來。然後是我的各任妻子，她們永遠無法達到我的完美理想，我的孩子也永遠不夠聰明。接著是全科醫學，那也必須大幅改善。於是我持續不斷地向前衝刺，迫不急待的像個瘋子。當然我告訴自己「必須那麼做」，不過我的世界也同樣如此——來自老師、父親和教育系統的批評和糾正，全都鼓勵你那麼做。我從來沒有時間和機會能夠從那匆忙急迫當中恢復過來，總是有新的挑戰、新的女人、難以達成的新目標，從來不能……當然，有時候我會在家訪病人的路上，在一個安靜的地點停下來，想讓事情流逝而去。但大多數時候，我變得非常悲傷，一切看起來都非常徒勞無用、一再重複，永遠不足夠，永遠不滿足，永遠不快樂，總是欠缺了什麼。而我卻極度想要快樂、想要給予別人快樂。

現在這麼多年過去以後，我看到自己還是很難像小熊維尼一樣，在一個樹枝上坐下，或是拿著牠的那罐蜂蜜坐在圍牆上，尤其是在當下。我開始緩慢而堅定地理解，在圍牆上能處於當下即是佛，不多不少。能從一個當下來到另一個當下，這就是安樂。然而，那些習性依然存在——匆匆忙忙地前行，總是在火燒屁股，想去取悅別人，想去成就什麼，想要獲得別人的景仰——並試圖把我推下圍牆。我唯一能做的事情，就是不斷地修持。你也可以稱之爲踢開——踢開你上癮的精神官能症，踢開你對於失敗、落得一無所有、被遺棄的焦慮預期。我心中閃爍著些許信心，相信靠著一己之力就能一點一滴地逐漸放下自己對獲取認可的需求，讓自己對於擁有的事物、自己身邊的人、自己的束縛與缺失感到知足。我的心中變得更加安詳寧靜，然而世界卻變得愈來愈像一個瘋人院；我身邊的那些人、我的孩子以及其他所有人，他們怎麼辦呢？我衷心、眞誠地希望他們能夠停止這種汲汲於利益、快樂的無止盡追尋，並且不再畏懼於損失、受拒與受辱。

我坐在自己的圍牆上，取用一點兒蜂蜜，然後就這麼隨它而去……

而貝瑪．旺嘉仁波切在這一切當中的角色是什麼？

當我爲了將碗櫃結實地固定在位置上，正在擰緊、裝配、測量的時候，心中再度升起了全然清明的心念。

貝瑪．旺嘉仁波切，我唯一的父，他賦予我金剛乘思想的關鍵糧食，從一開始就以此引導著我（順帶一提，莉迪也是）。接下來就靠我自己將這些關鍵要點融入自己的生活中——就像我自己之前生成的那些種種習氣一樣——並且將這些關鍵要點付諸實修。我必須從頭開始，除滅那些完全錯誤的習氣，調整那些看似仍然有益的習氣，並且進行以空性、覺知、以及最重要的大悲心與利他心作爲基本主軸的新修持。所以我開始大膽冒險，笨手笨腳地將它們運用在我的工作和情感關係中。我經常會想，他怎麼不幫幫我，或者至少給我些建議——雖然在關鍵時候，仁波切也確實有這麼做。

直截了當的建議是：每天做這些修持。當然，這些修持全都基於傳統。對於我請求他加以解釋的要求，仁波切很少答覆，而是讓我感受到，我與修持之間的連結自然會逐步開花結果。我也對此深具信心，而且這麼多年以來，我注意到這一點確實是眞的。我的心靈變得更加平靜，更加穩定，而且更不畏懼。這些手指運動讓我對於身爲人類的這個美妙樂器更加靈巧、更富有覺知。在我作爲醫生以及後來成爲治療師的這段期間，一切都在不斷地變化。我時時刻刻落實自己的「觀」，有時那眞是把我的病人和我自己推入一團迷霧之中，所以，並非總是可以獲得我想要的正面效果。我在這個二元世界各方面的所有施行、已經變成習性的一切思維與行動的自動行事，很不幸地卻經常是以自我爲導向，必須受到自我的認知與察覺。唯有在那個時候，才會顯露出它們是不實際的、無用的，它們才會消失。這需要毅力，但我做得到，因爲我能了知，拋棄過去所學全都是絕對而必要的，這樣才能如實地覺察並且體會到，這些持續的自我雲翳不過是由一個人自己編造出來的，毫無實質可言。

我看得更加明白，遮蔽的雲層也彷佛變得更爲清澈，並且因爲那種大清明而變得更輕盈——實際上或比喻上皆是如此——我變得更歡喜，更不具批判性，也更加清明。在我尚被雲層遮蔽時，認識我的很多人和孩子們都無法理解我在行爲上的轉變，他們對我感到失望，或是因爲不理解而離我而去。同事、朋友、孩子們設想我碰上了各種狀況。一開始我覺得很悲傷或生氣，或是

「我真可憐」，但是逐漸地，這些感覺轉變成接受，之後變成了慈悲。我們對經典佛法教文的翻譯工作肯定對此有所幫助，為此我一直非常感恩，是貝瑪．旺嘉仁波切給了我這項任務，而且是在不知不覺之間交付給我的。剛開始的時候，我覺得那眞是一大榮譽，他竟然會叫我和莉迪做翻譯；但是在翻譯的過程當中，我了解到這是一個方式，讓我熟悉上師們的全面思維，從而在這條修行的道路上繼續前行。

所以，再見了，傲慢以及其他的一切。沒有光榮，沒有名聲，沒有超級老爸。

好色的思維
爲每一個念頭脫去衣衫，
直到它赤裸裸的，
你將會找到空性，
沉浸於極樂之中。

「我家」頭幾年的那段期間，貝瑪．旺嘉仁波切在閉關。我記得有一天我打電話到法國的時候，被告知仁波切在閉關。我問「要閉關多久？」，回答是「天曉得。」，結果是三年。所以在那最初幾年的期間，他的兩位弟弟——吉美．欽哲與穰卓仁波切（Rangdröl Rinpoche）來這裡授課，而且相當頻繁。

住在這裡帶來了好幾個平凡、實際的問題。我們買下的農家庭院，顯然有兩位農民擁有這裡的過路權。「沒什麼大不了的。」我們這麼想，但是這的確有所影響，因爲相形之下，我們的院子很小，而拖拉機很大；一旦割草季節開始時，他們眞的很常經過我們的院子。此外，還有另一個小問題是關於環繞我們四周渠道的水量，這些水量必須維持在渠道上標記的位置，否則就會有農場下陷的風險。主要問題在於，我們與鄰居農民對於水位到底多高才是正確的，有著不同的意見。弗里斯蘭農民就是弗里斯蘭農民，正常的溝通協商不是他們的強項，所以有一天，寇斯眞的對這一切感到厭煩至極；

割草季節即將開始，而他想要離開。他坐進他的露營車裡，向布列塔尼出發——欏卓仁波切當時在那裡。我想他一開往瑞普的時候，就已經感受到強烈的自由感了。

一旦寇斯坐進他的「巴士」裡，他可以連開好幾個小時的車，同時持咒，或是偶爾在哪裡停下來喝杯咖啡和抽點雪茄。但那只有在法國才有可能，他和上師一起度過了一段美好的時光，宛如欏卓仁波切已經預先察覺到寇斯已經受夠了，他也會偶爾不經意地給寇斯一些關於「我家」的建議：

「如果你能維護一個地方，讓上師和弟子們能夠見面並且能夠在那裡舉辦教學，會積聚極大的福德資糧。

「在剛開始的時候，佛陀只有靈鷲山可以傳法。奢華絕對是多餘的，有房間供自己睡覺，有食物和棲身之處，這是在法道上前行所需要的。因此，要繼續下去並留在那裡，重要的是，你得明白這一點。你的滋養就是偶爾來多爾多涅接受教法，並且不時地做一個短期的閉關……」

這建議爲寇斯帶來了以下的洞見：

這次旅程的教導是什麼？就是毫無分別！住在瑞普，住在布列塔尼、多爾多涅……人們全都是一樣的。所以你不需要換地方，除非你要去到一個無人之處，舉例來說，像是一個山洞裡。那些人只會讓你看到自己的輪迴面具，而不是他們的清淨佛果（或者你是這麼認爲的），因爲這些是我們得教導的對象……眞是令人厭惡啊！！而且你永遠改變不了另一個人，你最多只能以身作則，作個榜樣。所以永遠不要有任何的期望！！

閉關意味著置身於山洞裡的狀態：一個簡單的棲身之處，並且能夠獨處。重點在於把自己和那種種的印記與想法全都分離開來，能夠變得清淨。爲達此目的，方法就是修行。

下午與仁波切一起騎腳踏車，他騎得飛快，晚上他煮飯給我吃。等一切就緒的時候，我們首先做了《雨降加持》，力量如此強大，可說獨一無二！至今，這股力量仍然伴隨著我。第二天早上，仁波切爲我準備了一大頓早餐，還幫我準備好旅途中的午餐（三天的份！）並且非常細心周到……他甚至更換了一片生菜葉子，因爲他想要放的是那一片，而不是另外一片。我仍然有那麼多該學習的事情，而且要更加細心地照料那些動物，給牠們刷毛，諸如此類，全神貫注於你的每一個動作……嗯，我要立刻付諸行動。

今天的旅途平順，我突然從眼角瞥見一間餐廳的窗户，裡頭有一張擺設好的餐桌。於是我找到一個地方把巴士停下來，和家人在這間簡樸的小旅館中吃了頓飯。有個人看起來眞像仁波切。他眞是陰魂不散啊……

然後在一九九八年十月的一個週六早晨，電話鈴聲響起，一個熟悉的聲音說：「哈囉，我在從巴黎到漢堡的途中，會到你們那邊稍停一下。我們怎麼過去？」然後他的手機就沒電了。在下午剛開始的時候，貝瑪．旺嘉仁波切及幾個人一起到來，我們也聚集了一些人過來。仁波切還沒見過農場，非常興致勃勃，稱貝爾圖斯（Bertus）是「全世界最快樂的豬」；我們吃了點東西，閒聊一會兒之後，他加持了寺廟（禪室）。仁波切正計劃在那年開始進行一次三年的閉關，他對寇斯和我說：「對，你們永遠有貝爾圖斯可以

「全世界最快樂的豬」貝爾圖斯

作爲一個好藉口，你們應該在正常情況下閉關，在家裡就好。」一陣寂靜。「對，」他繼續說道，「這是非常好的事，將閉關與繼續照料學生、客人、動物、孩子……結合在一起。」幾個月後，寇斯到多爾多涅參加怙主楚璽仁波切（Kyabje Trulshik Rinpoche）的教學。怙主楚璽仁波切以「多納・蔣秋・闕林」（顯密菩提法洲）之名加持「我家」成爲一座寺院。隨之而來的功課，就是要做我們的修持並保護眾生，這樣大家才能從這個地方獲益。

有時候日子流逝得如此迅速，以至於一個人在震驚於各種變化之餘，幾乎毫無喘息的時間。我們的情況便是如此。與其開始閉關並且「繼續照料……」，我們卻想著自己必須改變很多事情、要獲得更多的幫助、要知會家人，諸如此類的各種事情。長話短說，每個人都對此感到相當驚愕，結果造

怙主楚璽仁波切

成了更多的困難而不是裨益；學生們很困惑，家人甚至更爲困惑，唯有牲畜繼續平靜地咀嚼著糧草。

我們規劃出很多的作息時間表，什麼時候起床，什麼時候修持，什麼時候採買，什麼時候做各種事情。我們花了好長一段時間才又重新找到平衡，並且放棄所有自訂的規矩。這道理就是「不要推動河流，它會自行流動。」

然後會有這樣的事情發生：

你所感知的一切痛苦，全都可以藉由自己承擔，並且把自己的無量安樂——亦即你所理解的財富——布施出去而獲得緩解。這麼做無需許可，不需要支付關稅，不需要搬運貨車，不需要卑躬屈膝的逢迎諂媚，也沒有各種的障礙。你只需要付出、付出、再付出。

一個人從來不會有這樣的問題：「我眞的想要做點什麼，但是要做什麼？但是要怎麼做？……」——直到現在，我才明白自他交換修持的絕妙精髓。

在這之前，我一直有種刻意造作、出於職責的感覺。我對此沒有覺受，它並未讓我感到溫暖或寒冷。但突然之間，它就出現了……昨天的廣播，這個動盪不安的社會，在戰後，在戰時……南斯拉夫，而你四周都是這些不安的人，他們心中充滿了行不通的觀念，充滿了不實的希望與不實的期許，尤其是誠心誠意的善良意圖，反而造成了更大的痛苦；那令你熱淚盈眶，內心洋溢著深摯的悲憫。但是當你坐在自己的禪修墊上時，卻並未生起這股清淨自然的湧流，反而生起你自己充滿侷限的想法，令一切變得心灰意冷，令自己的努力變成泡影。「我想要幫忙，但是要怎麼做？」幫忙仍然意味著「行動」，爲人做些什麼，或是與人一起做些什麼。然而受苦是在存在主義的層面上所造成的，在那個層面上，沒有任何的食物包裹、飲水或醫藥能有所幫助；在那個層面上，需要的是甘露、撫慰的香膏，將光明與溫暖帶入我執的寒冷黑暗中。我執是造成一切受苦的原因！而這裡又上演了受苦的鬧劇：人們不想去傾聽，無法辨識出眞正缺少的是什麼，相反地，他們對你置之不理。那麼你要如何讓這個修持充分發揮效果呢？方法就是坐在自己的坐墊上，觀想這一切，然後就可以開始做交換：向一切有情眾生放送出那川流不斷的清明與溫情，收回他們的痛苦不幸，尤其是他們的無明。接著會有些看似相悖的事情發生：你心中那一切深邃黑暗的苦難將轉變成一種新的發光能量。這種轉變，正是菩薩的作爲。

這是一種能夠持續、充滿活力的過程，而且令人感到解脫，世界也開始看起來不同，宛如透過新的眼睛在觀看，萬事萬物都帶著一種前所未見的愛與溫暖的光彩。而無論發生什麼糟糕的事情，那種光彩都會持續留存。就好像日出，太陽不可逆轉地向上升得更高，將其滋養生長的暖熱提供給所有生物——無論他們是否想要。

我眞的必須非常、非常努力地去思索那三年的時光。我們做了修持，吃飯、睡覺，不太出門——當然，有時候我們是會出去吃個飯。我們去法國上課，接待自己的上師們，包括怙主楚璽仁波切，他從桂恩特普開始了他的歐洲之行。同時，我們翻譯了巴楚仁波切的《普賢上師言教》——那不只讓我們感覺擔負著一項重責大任，更覺得自己有如沉浸於該書的教文之中。但這一切並不意味著我們必得帶著虔誠的神色、嚴肅不已地過日子；事實上，我們的生活極爲愉悅、歡樂、輕鬆。

蜂蜜般甜美的親吻，
將底部
封緘起來
——顛覆的愉悅。

但是，還有更多的改變即將到來。寇斯已經抱怨多年說他無法像以前一樣好好地逆風騎車。就在我們閉關即將結束時，某天晚餐他正要開始吃甜點的時候，突然說：「老婆，帶我去醫院。」我回答說：「幹嘛？」「我正在心臟病發……現在我終於知道心臟病發原來是這種感覺！」我們趕緊坐進車裡，開車去思內克的醫院，路況繁忙，車燈沒調好，也沒空再講更多的話。這件插曲結束了我們的閉關。在急診室的時候，寇斯說的第一件事就是他不想被急救，但這引發了激烈的討論，於是在過程中，病人反而被遺忘了片刻。

那天晚上，我把寇斯留在加護病房。等我回家之後，我終於害怕了起來。寇斯，如此充滿了生命力，事實上也還很年輕，從來不生病……但從那次起，寇斯開始頻繁進出醫院。幾天以後，寇斯回家了，我們緩慢但堅定地回復到昔日的生活，翻譯、禪修、吃飯、睡覺……直到他做了一次詳細的心臟超音波檢查，顯示他需要一個新的主動脈心臟瓣膜——換句話說，就是開心手術。我們徵詢貝瑪．旺嘉仁波切的意見，他又轉而徵詢怙主楚璽仁波切的意見，他們兩人都建議我們應該進行。關於手術的準備，涉及了進行某些特定修持，並且放生一千隻動物。此外，仁波切必須決定這個手術可以在哪些合適的日子進行。我們自己已經決定了：唯有完成翻譯之後才能動手術。雖然非常疲憊，但是我們非常努力地繼續工作了好幾個月。寇斯在二〇〇二年生日之後的某一天，寫道：

非常疲累，很多時間都在床上睡個不停。心臟科醫生：「你的心臟已經做了多年的頂級運動，把所有的血液送往那個狹窄的地方。你自己都會對此感到筋疲力盡。」我想我的外公范胡騰也有同樣的問題，他因此而往生。他的根本心識飛到哪裡去了呢？

他在哪一個子宮裡面，再次聚集了重新投生的五大元素？好問題，答案是開放式的。

烏特勒支醫學中心的醫生們，似乎被必須先完成翻譯才能動手術的這個想法嚇了一跳，但是一旦他們習慣了這一點之後，等他們看到可動手術的日期列表時，就比較能接受了。手術安排在我們要求的那天進行（順帶一提，心臟缺陷似乎是出生時的畸變），從而開始了一段非常慌亂、諸多併發症、數次住院的時期。寇斯的評論：「紅髮護士老是在接生時碰到節外生枝的問題。」這句話非常適用於他的情況。但這不是一篇醫學報告，所以我就不多說了。在這段期間，貝瑪．旺嘉仁波切總是陪在我們身旁；每當我們覺得自己行將溺斃的時候，他會正好打電話過來。你可能會好奇，那些時候他都說了什麼？其實說的不多，沒有什麼關於怎麼樣、爲什麼、多糟、嗯、那也不容易……之類的閒聊。不，訊息總是簡短的，同時也非常明確：「現在就是你們把自己所受過的一切教法付諸實修的時候……」只有這樣。

坐在外面，吃一頓飯，美好而安靜。但是我仍然無精打采、空虛而空洞，找不到路可以進入我的自發性與生命力。因此我想著……

我一定是快要死了。但那又如何呢？八十年戰爭（荷蘭獨立戰爭）可不是因爲打了長長的一槍而結束的！二元分別、艷羨嫉妒以及不平等正在高飛翱翔，結果就是瞋、貪和固執不耐，當然還有很多的爭執。

已經是八月的最後一天，首次吹起了寒冷的西北風，夏季結束了。我們已經快樂地在花園裡做了很多工作，並且經常在那裡小坐——我們確實曬黑了。如果沒有這種像盔甲般環繞住腰部的疼痛，如果我沒有這麼僵硬，我這頭老熊會看起來非常不錯。我又開始做很多雜活，一切都進行得相當順利。早期的那些人全都逝去、消失了，像鬼魂又像幻影，沒有人留下來，也不可能留下來：一切都是無常，一切的人、事、物都在移動，都是整體的一部分，出生存在，消融而去，來到更近的地方，或是前往更遠的地方。不留痕跡，除了那個必然是我自己用各種念頭創造出來的痕跡之外。它們全都是影像，是我用自己的情緒、經由自心所編造出來的——全是一場猜謎遊戲！我們從釋迦牟尼佛的生平當中讀到了很多東西，有著驚人之美，如此簡單，如此深奧，如此超脫於這個幻影的世間。特別是在證得究竟實相的湧現過程中，對充滿無明的眾生感到慈悲的這種感覺支配了一切。沒有最親愛的媽咪能夠修復好這個，善心的家庭醫師也做不到。我每天祈禱，希望只要眾生尚存，我就能幫助所有的眾生；但是，我處在今生這幢日漸衰老的房舍之中，有時候我會失去勇氣。或許是該換新房子的時候了？

不，還不到換新房子的時候。

就在我們突如其來地結束閉關、在寇斯心臟手術後引發最糟糕的併發症多少受到了控制、在巴楚仁波切的《普賢上師言教》譯文出版之後，應該在「我家」做些事情的時候又到了。我們開始了一項眞正的課程，有著公開宣傳等等，我們規劃組織了幾個週末。這確實是一大轉變。但寇斯基本上保持著一種敬而遠之的態度，他已經看夠了人，也和人講過夠多的話了。

大多數的問題都歸結到一件相同的事。只要一個人還攀執著一個「我」，並且持續以那個「我」爲單一對象而忙碌不已，那麼就不可能開始去做些什麼。佛陀已經對這樣的誤解給出了清楚的解決之道；而寇斯對於「一個人」無法看見這一點，或是也許一個人看見了卻依然故我，有時候會覺得難以忍受。那就跟他多年前跑進他的巴士裡、開車去布列塔尼是同樣的感受：他受夠了！但是他如今年紀更長，健康更走下坡，開上巴士揚長而去不再是那麼容易的事。在最後這幾年，露營車都佇立於多爾多涅，在一位農人那裡。我們會開車去法國，從煙草葉下取回巴士，在農人的院子裡露營，美妙極了。解決之道是請一些朋友在法國取回巴士，開回我們這裡的庭院——在瑞普的多爾多涅。這樣寇斯就能在巴士裡過他的日子，與世隔絕，並且安靜地做他的翻譯，那是他最快樂的時候——離「我家」越遠越好。此外，空氣中還瀰漫著某種不可捉摸的東西。寇斯所有的關節都很疼痛，但是我們沒有理會，只把這當成是年老、風吹、農場多風的緣故。

我突然覺得非常想去葡萄牙，我們的上師們在那裡也有間房子。此外，我們上師的母親往生了，我想要去那裡。那應該是一趟短程的來回旅行，和我的女兒凱蒂一起過去。穰卓仁波切在那裡。白天我們是觀光客，晚上則和仁波切一起念誦你所能想得到的書中的每一篇祈請文，念上好幾個小時才結束。當我們即將再度離去時，仁波切過來道別，並且對我說：「請向寇斯致上我最深摯的祝福，我不會再見到他了。」雖然我很困惑，想說自己是不是聽錯了，但我並未將他的這句話放在心上。那是二〇〇四年的十一月。怙主楚璽仁波切將要在十二月的時候，在尼泊爾的加德滿都給予灌頂。寇斯認爲我應該參加，這點非常古怪，因爲寇斯並不喜歡我離開，但是對此他很堅

莉迪與凱蒂

決，所以我和另一人預訂了十天的旅程。旅行社覺得這非常奇怪：「只有十天……？？」我留下狀況很糟的寇斯，以及一個負責照顧動物、煮飯等等雜務的人。

在尼泊爾的日子非常特別。我們碰到的第一個人，當然就是貝瑪．旺嘉仁波切，他更進一步地照看著我們。兩天之後，我生病了，而且一直沒好，但是我仍然前去參加灌頂與教學，從一大早直到深夜。在我們離開的前一晚，我們必須向怙主楚璽仁波切道別。我向他獻上一條哈達，當我躬身站在他面前的時候，貝瑪．旺嘉仁波切與怙主楚璽仁波切開始了一段冗長的藏語交談。他們結束談話之後，我問別人他們到底說了些什麼。「他們在想寇斯是否還能走路……」我再度感到：「現在是怎麼一回事……？」

讓我用寇斯對他上師們寫的一封未寄信函，來結束這一章：

寇斯熊致怙主敦珠仁波切、怙主頂果．欽哲仁波切與貝瑪．旺嘉仁波切。

開始的時候，我感覺您們是遠比我優秀、偉大之人，非常完美但是遙不可及，像是某種完全不可能成就的事物，只是一種痴心妄想。是的，雖然具有虔敬之心，但更像是我生命中太過遙遠的一道橋樑。有點像基督徒式的：偉大的主，我們讚美您……所以是非常二元的：對您們來說是想當然爾，對我來說卻非如此。但是一點一滴的，我的內心有些東西開始移動，對我來說不是嶄新的東西，但在您們的指導下，變得更加強大。我愈來愈清楚地覺知到，「我」也應該內具著您們那些圓滿功德的痕跡，否則我便不會如此體驗或覺受到它們。我開始能夠更留意它們的存在，並且在我的作為當中，找到它們更為清楚的痕跡。我也見到您們稱作「波羅蜜」的許多功德，是以一種非常世俗的方式作為引導，我所覺受到的轉變，具備了更多覺知的特性，讓我能夠更加以他人為導向來運用這些自然特質，同時，這麼做能夠讓我變得與您們更為接近。雖然感覺有點奇怪，然而……我屬於您們，我們都具備了同樣的潛能。當我閱讀《心要寶藏》①的時候，我不認爲自己能寫出那樣的東西，但是我對其理解變得愈來愈清晰、透徹。我像這樣寫下這些話的時候，因爲羞慚而臉紅，但請您們務必想像，這是我的內在上師在跟您們談話。那是您們所希望的，不是嗎？

這並不是說，我在日常生活當中一直是一頭已經開悟的熊。但是我愈來愈厭惡這種自己必須前往某處的想法。我這一輩子，爲了在某個地方找到某個事物，無論是什麼，我都已經奔波夠了。現在我遇見了您們，您們全都說著相同一致的話語：「觀看你自己的內心，你已經在家裡了。」

我希望，它的某個部分也能夠照耀在我四周的一切有情眾生身上，因爲他們也會興高采烈地覺醒。我正對著自己拍的一張學習小組的照片禪修，他們全都看起來如此耀眼和開懷！如果那不是證悟……但是您們知道，無論您們各自是以多麼不同的方式在我心中展現這項珍貴寶藏、並對其做出論述，您們每一位都是稱職的鋼琴調音師，爲我這架珍貴鋼琴進行純淨的調音。

對此，我不僅是感恩，那也是我完全信任地融攝入您們的原

原註：

①頂果．欽哲仁波切，*The Heart Treasure of the Enlightened Ones*，香巴拉出版社。〔中譯版《證悟者的心要寶藏》，雪謙文化出版社。〕

因。無疑地，最終的巨大和弦會讓我們一同鳴響，永不消逝。

坐在我的圍牆上跟您們談話相當容易，就好像自然而然地發生。但是當我彎下我那有些笨拙的身體時——因爲這是一個表示虔心的習俗——情況卻相當不同。然而，我總是保持著虔心，這是確定的。我要如何在沒有您們的情況下，繼續前行？如果沒有您們那引導之手，尤其是全能之手，我不知道該何去何從。

我的圍牆，順帶一提，代表我所遭遇並製造的一切生活情況——無論是與我的鄰居們共處，與生病和臨終的人交流，我自己的種種憂慮，我的面臨死亡，當然死後會發生的一切，都包含在內。我從一切教誨中能確實理解的就是：您與我和一切眾生都是相融無別的，唯一可能的差別在於眾生是否想要與您交流。而我不只想要交流，甚至已離不開這種交流。因此我經常感到非常清明、喜悅……看到這對別人來說是多麼地困難的時候，我甚至更爲感動。

我的圍牆當然和其他一切事物一樣透明。即使它凸伸出來、刺人或氣味難聞，與一道好聞、平滑、舒適的圍牆相較，也沒有任何不同。然而那不只是最爲困難的部份，而且是關鍵要點：要學會看穿那一切的障礙，並且斷除固著的概念。用更強有力的話來說，如怙主敦珠仁波切一針見血的結論：「要歡迎這些障礙，因爲那是你學得最快的時候。這是我們這些老父非常想看到的！」我的巴士就是我珍貴的圍牆。

第三章　結束

安魂曲傳出的
那些音符
正在墜落
——迷失——
在廢紙簍裡。

再度於史基浦機場相會的感覺很奇怪，那是聖誕節的前一天。我們相當亢奮，寇斯則是多愁善感。我們在機場一起喝咖啡的時候，寇斯的手機響起，是家庭醫師打來的。當我們往弗里斯蘭的車子在一個休息站停下來的時候，寇斯告訴我他肯定哪裡有問題了。過去十天對他是一場災難：

老婆去加德滿都參加怙主楚璽仁波切的灌頂。我失眠，寒冷侵入我的腳以及更上面的地方。天哪，我就不提細節了……我在脖子發現一個腺體，家庭醫師立刻緊張起來，因爲那可能表示胃部有毛病。他馬上叫我去醫院，我必須明天早上九點一刻到那裡；所以我早早上床，原本不疼，但是後來髖部、臀部、骨盆、腿部開始痛得非常厲害……睡意瞬間消失無蹤。那是種戳刺的劇痛，相較於之前通常每半個小時就會把我弄醒的疼痛，這次的程度劇烈多了。坦白說，這些夜晚的劇烈疼痛很可能是癌症的骨轉移——「一隻漆黑得像是瀝青的大烏鴉正在接近，你在跟我開玩笑吧？」這也吻合我對於那些所謂的風濕痛愈來愈多的抱怨。只不過爲什麼現在會變得那麼劇烈？突然迸發，就在我像個好男孩、馬上去看家庭醫師的時候。還好我必須想著所有那些正在遭受巨大痛苦、甚或情況更糟的眾生。交換，「爹雅他　嗡　北堪澤　北堪澤……」[1]等等的。寫作進行地相當容易。我感到自己的覺知突然變得敏銳，不太情緒化。對我而言，「一味」並不容易，但它開始使我覺醒。我不知道這樣的自己能不能去史基浦，但是我當然很想念你。這和我動開心手術的時候非常不同。現在我有深厚的信心，一個強大有力的平台，讓我能從這平台上觀察這個事件。當然，這不是一件非常讓人愉快的事，至少我不能否認這一點。但我的心中具備透明本性，貝瑪．旺嘉仁波切、蓮花生結合了藥師佛，一起存在我心中。像是我們正朝向那裡而去……又像是我在飲用「貝仁布爾傑」（berenburgje）——那是一種古老的弗里斯蘭藥，我覺得能夠如此清楚、清醒地闡述是一件令人愉快的事，你聽起來也將會是平實且容易接受的，就像這樣。沒有多愁善感的悲嘆。處於當下。我們將會看到船隻在哪裡擱淺……

如果這樣持續到明天，我會再去看家庭醫師。我完全不需要懷舊的老故事。't Sil wol sa matte（弗里斯蘭語，意思是：事情

譯註：

❶藥師佛心咒：Tayata Om Bhekandze Bhekandze Maha Bhekandze Radza Samungate Soha。

就得如此），如果我的業能夠因而獲得清淨。嗡 瑪尼 貝美 吽。莉迪，幸運地是，大致而言，妳也知道妳的方向，我非常高興自己是其中的一部分，無論妳我現在是在尼泊爾或月球上。處方就是在平等捨中休戚與共，那正給我帶來巨大的力量和勇氣，讓我可以把障礙感轉化成無量的慈心。我會讓妳公開這篇寫作的要義，這包含的巨大誘因，會讓人對轉化事物成爲通往眞正安樂之道生起好奇心。

親愛的，只要回家就好，妳慢慢來，或許我會再撐一陣子，繼續在這一輩子給妳帶來麻煩和貪戀。總之，親愛的，我們很快就會見面了。我很少比現在更覺得自己像是小熊維尼，小腦袋瓜，但是充滿了對每一個人的單純熱情。

我對這一無所知。或許你和一個人住得越接近，你看到的就越少。我們在過去十天完全沒有聯絡：從加德滿都寄送的電郵還沒到達，從荷蘭打電話也不可能，因爲沒有電話號碼可打，而我的手機不通。但很奇怪的是，寇斯的手機一天會作響幾次，信息宣稱「莉迪正在給你打電話」，但是什麼事都沒發生。

我們回到「我家」一個小時之後，家庭醫師坐在我們的沙發上。前列腺癌。「所有老男人都有那個。」我這麼想著，但我猜寇斯有其他的想法。聖誕節期間過得很詭異，寇斯痛到必須使用嗎啡，有一次「紅髮護士」又跑來角落嘀嘀咕咕。我們通知貝瑪．旺嘉仁波切這些情況，他的信息簡短有力：「你是個修行人，把你自己所有的疼痛和別人的痛苦做交換，並且要明白這是在清淨你的惡業。」所以寇斯在二〇〇五年一月的會訊中寫道：

親愛的朋友們，去年年底給我帶來了一個出乎意料的發現，我被診斷出罹患前列腺癌，並且有骨轉移。確實是與「無常」一次非常明確的會面。雖然我們一時感到非常害怕，我們——莉迪與我——也感受到些許情緒性的「喔」、「啊」以及其他類似的念頭，大體上來說，這些念頭遮蔽、模糊了明確的現實。此外，我們的醫療夥伴以一種非常友善的方式照料我們，用必須的措施讓事情回歸正軌。我們心中具持著上師深奧和影響深遠的教文，令我們初步度過了肉體上相當難熬的白天和夜晚，並持續這一世的生命；我們的思緒，一直都環繞著周遭世界更大的一切苦難。關於無常與分離的想法，我深信自己與這輩子遇到的每一個人都有緣，而且不僅限於這一世的存在而已；簡而言之，我們還沒完，所以移動與改變還會持續下去。感恩與溫暖的慈心，以及強烈渴求一切眾生能夠富足安樂的願心，正在滋養著這些感受。感恩根植於這一切的緣分，爲我帶來洞見、愛與柔情。即使有時候在一些惡狠狠的教訓中，我的確冤枉、錯待了別人，但那也可以被轉化爲改進的契機。我生命中最主要的一件有助益之事，就是找到了自己與本師釋迦牟尼佛之間的緣結。

開始進行的療程似乎管用，疼痛減輕，而我只有一個心願：但願寇斯能夠在他那台露營車裡再過上一個夏天就好，這樣他就可以翻譯，做他自己的修持，以及就只是「坐在圍牆上」。生活再次如常展開。寇斯在翻譯釋迦牟尼佛傳，這令他充滿了活力並且興致勃勃。我們也對怙主敦珠仁波切一篇關於嚴格閉關的教文以及吉美・滇貝・尼瑪（Jigmé Tenpai Nyingma）的教文《樂苦一味》（*The one taste of happiness and suffering*）進行校訂。寇斯的情況大爲好轉，以至於三月的時候，我們還開車去巴黎拜見怙主楚璽仁波切。過去幾年我們都沒有眞正去到比巴黎更遠的地方，寇斯不想旅行到多爾多涅，因為那裡的教學是在一個大帳篷裡舉行，寇斯總是會生病，或者是因為寒冷多風，或者是因為人太多。

像往常一樣，怙主楚璽仁波切非常驚訝我們又開車來了，他非常擔心地詢問是我開車還是寇斯開車。我們設法安撫了他：是我開的車。我們與這位偉大上師的會面總是依循一個固定的模式：首先仁波切會詢問我們的旅程如何；接著他總是想要知道老寇斯的情況如何，然後他會心滿意足地總結說，他變老了；之後他們會一起檢查誰有最多的牙齒和臼齒；然後，才有機會談談別的事情。這一次，我們領受了完整詳盡的長壽灌頂，並且還受了一些戒。那是一次特殊的經歷，單獨與怙主楚璽仁波切和貝瑪・旺嘉仁波切在一起。

在新年的頭幾個月，寇斯準備好了他的火葬。他有一本筆記本好幾年了，裡面記載著各式各樣關於他死亡的筆記，不過現在補充得更爲明確。

其中第一點就是不用殯儀館的人，我們要自己做安排。我注意到其他人一開始對此不知道要說些什麼，但是一旦談話像平常一樣繼續下去，他們會變得非常積極且心胸開闊。火葬場的情況也是如此，在我詢問一個簡單的火化需要多少費用時，那位女士一開始無言可對；接著她試圖說服我，如果沒有殯儀館的人，實在無法進行；但是最終，她還是給了我關於費用的冗長解釋。剛好有一位木匠在「我家」幹活，我們請他做一副棺材。經過些許猶豫之後，他說「好」，但是他希望那是好幾年之後的事情。寇斯問是否有幾個人想要致辭，或是唱歌、演奏，他還想到一個聚會的地方，之後可以在那裡喝咖啡。後者是一個在波斯沃德的餐廳，我們有時會去那裡吃飯。寇斯在三月的一個晚上問那裡的侍者說，因爲他生病而且快要死了，他的家人朋友可不可以在他火化之後過來喝咖啡，當時那位侍者都快昏厥過去了。然而，這個活動不太符合我們的生活方式，所以我們暫時擱下了這個議題。不過我們確實做的是：把東西清理掉！！寇斯是一位多產的作家。有時候我深夜找不到他，他通常就是在一間冷冰冰的房間裡寫東西。我們大略瀏覽了從多年前開始累積的所有一疊疊紙稿，然後處理掉它們，除了一、兩個例外。一箱箱的投影片也被整理出來，給予合適的人或是丟掉。當我偶然看到某個東西的時候，我會問說：「你的祈禱冊子怎麼辦？」或是「我們該怎麼處理你的衣服？」所以，眞的是以一種非常隨意輕鬆的方式把東西整理好。謝天謝地，我們的東西不太多。

然後我們得到了我所冀求的那個夏天——安靜，和諧，翻譯，寫作，坐在陽光下。但是在夏末，疼痛又開始了。寇斯有所感覺，我注意到了，而且血液檢查也確認如此，但是我們並沒有眞正討論這件事——不是因爲這是一個我們想要迴避的話題，而是因爲討論不會有多大的幫助。我們寧可一絲不苟地詳細審校《一味》譯文的各個細節，那爲我們帶來了更多的洞見和內心的寧靜。

十月時，貝瑪·旺嘉仁波切打電話來，宣布他會過來一週的時間。我們問仁波切是否願意授課，他回答說他很樂意，但是不要太多。

仁波切的造訪通常較爲短暫，而現在我們眞的覺得自己擁有所有的時間，事實也正是如此。仁波切自然輕鬆地加入我們：他餵食動物，經常洗碗。週末時，他會充滿熱情地給予我們若干開示。之後是滿月，所以再次地，有很多動物要放生，風馬旗要懸掛起來；寇斯愛極了這些，同時也覺得累得要命。仁波切順口問我覺得寇斯如何，對此我能說的就只是，「我想他的病情不太樂觀」。我們和全家人一起觀看佛教廣播公司（Buddhist Broadcasting Corporation）去年拍攝的「我家」影片，那讓仁波切非常高興。同時在茶歇的時候，寇斯獲得教示。事實上，對於這個情況，沒有必要知道得更多，因爲就像健康和活著一樣，生病和死亡也是同樣正常的事。

貝瑪・旺嘉仁波切在「我家」餵食動物

接下來的幾個月，疼痛愈發在寇斯的身體裡擴散，他必須再次倚靠嗎啡。我不記得寇斯曾經高聲抱怨過——對，是很不舒服，但是有那麼多人必須經受更大的痛苦。寇斯專注在幾個重點上：

- 你所感知的一切，疼痛、疲倦，要記住那並不是你！
- 要用這一切體驗來記取每一位有情眾生都在經歷這些，甚至往往比這更糟。
- 對於你能以這個方式清淨自己所有的惡業，要感到高興和滿足。
- 做自他交換的修持，並且要感到高興，因爲你能夠自行承擔並且清淨他人的一切痛苦——整個世間所有眾生的痛苦。

•要放鬆，因爲疼痛並不是你。

怙主楚璽仁波切會在十二月再度前來巴黎，我們在考慮是否前往那裡。我們徵詢貝瑪．旺嘉仁波切的意見，他說他會想想。

醫生決定再做一次骨頭掃描，看有沒有可能做放射治療以暫時減輕疼痛。檢驗結果在十二月二十九日回來。毫無希望，有太多的癌轉移到他的骨頭裡，寇斯的生命很快就要到盡頭了。這是一個典型的狀況。坐在泌尿科醫生那裡，我開始啜泣，寇斯靠在他的拐杖上。醫生是一位友善但有點冷淡的人，卻突然展露出他溫暖的心。我們滿懷著知足之情，坐進車裡回家。回家之後，寇斯拿出他的筆記本，擬出他的訃文：

走向生命盡頭的寇斯

「一生奉獻給佛陀的心願完成之後，願一切有情眾生也能安住於無量平等捨中，即遠離對心愛之人的貪執，也遠離對他人的憎恨。寇斯．烏貝里斯．卡普泰因，一九二六年三月十八日生，感恩來自友人與敵人的一切教導，於二〇〇五年辭世往生。」

我們和凱蒂商議事情的時候，她正確地評論說，寇斯定論二〇〇五年死亡有點爲時過早。果然到了新年那一天，寇斯告訴凱蒂：他成功活到新年了！

仁波切禁止我們前往巴黎，怙主楚璽仁波切會與我們電話聯絡，因爲距離只是一個概念而已。事情按照計劃進行，寇斯提出他的問題，怙主楚璽仁波切以藏文給予詳細指示，然後被翻譯成英文。關於火葬的安排，我們突然有了線索：之後不會有致辭、歌唱、音樂、咖啡的聚會，取而代之的是，要做四十九天的修法，就像我們現在的生活一樣簡單。凱蒂拿著訃文卡片的文字去打印，並且選好了信紙與信封，唯一尚待填上的就是日期。

寇斯請木匠過來，因為開始製作棺材的時間到了。木匠感到很為難，怎麼能在跟棺材的未來住戶講話時，就開始為他打造一副棺材呢？有些關於棺材樣式的討論，寇斯的要求不多：松木，盡可能簡單，必須能把他裝進去。交談變得輕鬆了起來，變成就只是一個話題，和其他任何話題一樣。只剩下一點尚待決定：我們怎麼運送棺材？我們朋友的車子全都太小。我們突然想到可以拜託我們的汽車經銷維修商。當我打電話給他，跟他做這個請求的時候，一陣漫長的沉寂。然後他說：「是，是，這也是安排火葬的一種方式……好，好……當然，我有台車。」之後又有幾通來來回回的電話討論棺材的長度，因爲確實沒有做敞開的汽車後擋板，他和木匠一起安排了一切。所以，必須做的就是這些了，包括死亡證明、死亡登記等等的一切資訊。我們同意當那個時刻到來時，凱蒂會依序處理一切事務。再也沒有什麼其他事情要做的了，除了繼續這個生命，直到死亡現前爲止。我們所做的，就是這一切。

在此同時，「我家出版社」印製了《樂苦一味》的譯文。無論當時或是

現在，那都是一部珍貴的教文，我繼續讀了更多遍給寇斯聽；同時，我們也繼續校訂怙主敦珠仁波切關於嚴格閉關的譯文。寇斯極爲熱愛這篇教文——那是一部大圓滿教文，非常簡短，卻非常深奧，往往一句話就讓我們花上好幾天的時間思考，然後忘卻了所有的疼痛、所有的不適。我的孩子及我們的年輕朋友——吉伯特與安妮麗絲——更常來訪，並且住的時間也更久。除了他們以外，我們還有其他幾位訪客。但對寇斯來說，他覺得自己已經見夠了每個人，也和每個人說夠話了。

二月的第一個週六，寇斯在喝咖啡的時候說，他覺得他的頭也開始不對勁了，他的思緒有時候會在「一個奇怪的地方」。我記錄下來，但是沒有什麼其他可做的。

凱蒂很擔心我們可能會找不到火葬場，也許會帶著車子和棺材轉錯方向，所以當天她和伴侶提摩先去那裡踩點。火葬場的人剛開始有些猶豫，後來即熱情地接待了他們，並爲他們做了一場詳盡的深度導覽。竟然有人會有這種事先的興趣，在場的那位男士對此似乎甚感驚訝。

隔天我們已經計劃好要去掛上新的風馬旗，有很多人會來。那天早上寇斯抱怨頭疼得不行，疼在他的眼睛後頭，他沒法起床。新旗飄揚的時候，疼痛加劇，於是我打電話給值班醫生；對，顯然他頭裡面確實有什麼在發生。之後，醫生在晚上再次打電話給我，問我是否明白事情的嚴重性，我們是否已經安排好了一切。他告訴我，死亡可能就是幾天之內或是再晚一點的事情而已，而且寇斯可能會出現嚴重的意識不清。

這是一個新階段的開始。寇斯臥床，只有洗澡的時候才起床。關於醫療方面，我就只簡短講講。有些時候有很多、很多的併發症，困難重重。有些時候，一切再度處於較受控制的情況下，那時就非常輕鬆愉快，我們有時還會開懷大笑；但有的時候，我會處於自己的極限。寇斯不能被歸類爲「容易照料的病人」，而眞正能夠照顧他的就只有一個人，也就是他的「老婆」。那個時期，除了我從自己孩子和吉伯特與安妮麗絲（他們總是有一人留下，作爲屋子裡的第三個人）所獲得的一切幫助之外，我能信任的有兩位可靠的人，就是我的小姑❷——也是一位家庭醫師，具有一種類似仁波切的明白

❷這位是莉迪前夫的妹妹，與寇斯無血緣關係。

清晰，而且總是能夠對每一種新的併發症說些明智的話——以及貝瑪．旺嘉仁波切，他也是同樣的清楚簡潔。當在寇斯眼裡，就連我做什麼都是錯的時候，我會打電話給仁波切，心灰意冷地述說這些，他唯一說的就是：「對，病得這麼重的人是會這樣的。」就這麼一句話，我那種「我真可憐」的感覺就消失了。有兩點是他一直讓我銘記在心的，或者說是三點：「一直保持心胸開闊與正面的想法，要歡歡喜喜的，而且……要遵從寇斯的每一個心願。」這真的管用。每當寇斯想要什麼，而我的反應是「好，隨便你」的時候，我就是在給自己找麻煩；但是當我就只是簡單說聲「好」，並且動手去做的時候，就什麼事都沒有。

所以我們再次像平常一樣繼續過日子，只不過是在我們的臥室裡。我們在早上吃早餐、喝咖啡，因爲正如寇斯所言：「沒有咖啡就沒法死去。」並且我們做著平常會做的所有事情。有時候，寇斯的思緒確實會變得相當紊亂，但很驚人的是，在那種情況發生時，只要我開始閱讀一些東西給他聽，最好是怙主敦珠仁波切的教文，雖然寇斯看似沒有在聽，但會突然從他的「水手艙」裡傳出一個聲音，說：「就我看來，那個句子裡應該加一個逗點。」那時我的第一個反應會是：「你說什麼？」但是當我仔細察看那個句子時，他總是對的。

而且，寇斯手邊還是放著他的筆記本。

二月十六日，週四——全身肌肉痠痛。打了嗎啡，逐漸感到愉悅與舒緩。這是我第一次非常想要把門打開，這樣我才能聽到家人的聲音。一切聽起來都很美好。脖子和左肩很僵硬。莉迪即將烤些麵包，眞好。大家都知道這個屋頂下有人快死了。體貼、恭敬。他們——狗狗也是——在吃早餐。口乾。現在我想要成爲其中的一份子，我清明的不得了，等一下我要睡個小覺，在莉迪所謂的第二個早餐之前，那嚐起來仍然非常可口。差不多九點的時候，他們大概要做另一個修持，並且和我們「我家」在場的那些傢伙們一起唱歌。好吧，現在這樣就夠了。很快再繼續，我親愛的，在喝咖啡的時候……嗡 啊 吽 班匝 咕汝 貝瑪 悉地 吽……

然後，我們就會把「帕克」（pake；弗里斯蘭語的「爺爺」）一起帶去火葬。

二月二十四日，週五——我們過了非常特別的一週。這是莉迪的生日。我在床上用各種方式減輕疼痛（效果有時好、有時不好），還有什麼比這更適合一個前列腺癌大量移轉到骨骼裡的八十歲老人？這被稱爲是一種破壞性的疾病是正確的，就主觀體驗而言。不過現在我躺在這裡，歡喜地休息並且保有覺知，並做些努力讓自己充滿愛，對別人生起同理心。來自上師們的電話全都是我維生能量的泉源。要以簡單眞實的方式結束我這一輩子，我們就此制定的莊嚴計劃讓我感到很安心。單純地充滿相互尊敬之情，依靠在場的一般人和工匠來承擔一切，他們是我非常喜歡的人，也是我最終要依靠著再次建立起生命的人，再次建立起一個沒有妄想症的人及動物的社會，接受自然的社會階級——爺爺、父親、媽媽、女孩，師徒——是正常、開放、溫暖、親密的關係。

如今我們生活在精神病人的束縛衣之中，「謝謝你，不然我就開槍了！」的「一報還一報」。我沒有誇大其詞，情況正是如此，甚至已然深入了退化變質家庭生活的結構裡。結果就是：自我的毒藥噴灑得到處都是。因此，慈愛關係的細微肌理裡頭有了染垢，尤其不再具備充滿靈活彈性的寬容大度，無論是關起門來的私底下或是公開的工作關係中，皆是如此。

我覺得這就像是一種尖銳、令人感到刺痛的酸性物質，不可修復地摧毀並腐化了心，而心是眞愛的放射源頭。然而仁波切說，每一個染垢都能從生理組織中獲得釋離。我現在差不多八十歲了，雖然我是自發隨性、開心歡喜、簡簡單單的一個人，但就連我，也無法眞正在這泥流之中，好好地逆向操舟。我必須放下，跟著清明覺知的自然浪潮而行，不要緊抓不放，而是要有信心。而我確實具備了信心，我很快樂，我在前行的路上平穩地躺著，我的妻子讓我很快樂，我的上師讓我很快樂。

二月二十五日，週六——下午一點十五分，醒著，美麗的天氣，嚴寒結霜，藍天。和諧的早晨。很早就開始在唱頌對怙主敦珠仁波切的讚頌曲，湧現出愈來愈多的洞察。

「我家」是一座堡壘、城堡、要塞，外部如岩石般堅硬而不可入侵，它是透明的、慈善仁愛的，是一種有機玻璃。

二月二十六日，週日，晚上六點——地平線上有美麗清澈的光，青金石，藍色輝映著金色的落日。我心中充滿著感恩之情，我們在一起且擁有彼此……

冬日的「我家」

三月一日，週三——「是我該走的時候了……我剩下想說的話，只需一根煙的時間，並且……」（德文）❸

但是，破壞性的疾病就是破壞性的疾病，而且那表示「破壞」持續進行著。按照家庭醫師的說法，寇斯還活著已經算是個特例了。二月底的時候，我設法在「我家」帶領了一次十日閉關。等到大家都回家之後，我突然想要把其餘的人也全部送走——孩子和其他幫忙的人；我並不明確知道自己一個人要怎麼繼續做完所有的事情——寇斯、動物、屋子、食物、購物，但是我們度過了非常安靜詳和的一週。之後情況直轉而下。寇斯，如同先前的預料，有時候頭腦相當紊亂，而且他的骨骼被嚴重影響到什麼都沒辦法做了；

這時寇斯覺得他受夠了，自己決定要在藏曆新年期間結束之前死去。沒問題。接下來兩個星期，相對來說就過得相當艱難——對他來說很艱難，因為他知道自己頭腦不清，並且他身邊的人也很辛苦。能用的醫療手段已經全部用盡，我們（寇斯、家庭醫師和我）決定開始進行安寧療護。貝瑪・旺嘉仁波切「碰巧」在這個時機點打電話過來，他也同意了。三月九日週四的時候，家庭醫師將會從非常低的劑量開始，打點滴注入。晚上我們吃了點東西，我讀了一些怙主敦珠仁波切書裡的內容，然後寇斯說：「我要睡了。」那是他最後說的話。

❸此句為德文：“es wird Zeit für mich zu gehen ... was ich noch zu sagen hätte dauert eine Zigarette, und ...”

〔三月十日，週五〕

隔天早上，我看到寇斯那樣躺在那裡，熟睡著，我卻感到有點害怕；這肯定是終點了，再也沒有直接交流的可能性。但我很快就明白，另一種交流的可能性仍然很大，所以我繼續在他的床邊做自己的修持，或說是做寇斯的修持。他已經將那個修持銘記在心，而且一直持續在做；他會在早上開始那個修持，修一部分，然後打盹，等他醒來時，我會聽到他又接著繼續進行。

凱蒂來了，應該回家的安妮麗絲也留了下來。我們現在組成了一個眞正的女性護持團隊。而寇斯繼續不負他的名聲，眞的讓各式各樣的事都出差錯——像是輸液針頭堵塞，於是他沒辦法注入任何嗎啡（那時我們才明白寇斯有多麼疼痛），而且方圓幾英哩之內都買不到嗎啡……其餘的我就略過了。

莉迪、凱蒂與安妮麗絲組成了一個眞正的女性護持團隊

〔三月十一日，週六〕

週六早晨，通過膀胱導管，我們看到寇斯肯定產生了尿道感染，情況也正是如此，他發燒到四十度。事實上，那不只是感染，更引發成了敗血症。於是我們面對的情況就是：一個瀕臨死亡的寇斯，一場激烈的高燒，一張因為盜汗而需要一直更換的床。寇斯直到最後一天都還吃得很好，所以他一克的重量也沒掉，睡在他自己平常的床上。我們相互對望，然後就動手做該做的事情。女孩們照料寇斯，每兩個小時就給他翻身和擦澡，同時我也繼續做我的修持。

接著，電話鈴響了：「哈囉，我會在晚上七點半的時候抵達史基浦機場，有誰可以去接我嗎？」那是貝瑪．旺嘉仁波切。

當晚仁波切帶著三大束花走進廚房，說：「是時候過來了。」並且開始享用豐盛的一餐。我在樓上寇斯身旁，覺得自己有些抗拒。一方面，我很高興仁波切來了；但另一方面我也知道，現在自己必須放棄指揮了——就在我們剛剛形成如此傑出、有活力、有效率的工作團隊之時。我在寇斯身旁多留了一小段時間……然後下樓。我一看到仁波切，就知道情況便是如此，一切如常：我們活著，我們死去——不是什麼突如其來的打擊。

仁波切給了我們每人一束花（他怎麼知道我們有三個人在這裡呢？），喝他的茶，閒聊了一下，然後去看寇斯。看看他，感覺他的脈搏，離開，回來時帶著一個小碗，裡面是攙著藥丸的番紅花水；他要了一片紗布，將水輕輕點在寇斯的嘴上，並拿了一把椅子，打開他的祈禱文集。那時凱蒂和我坐在寇斯旁邊的床上，他先叫凱蒂上床睡覺；過了一段時間後，他叫我和凱蒂一起睡，並且說：「妳們現在必須做的唯一事情，就是睡覺和吃飯。」有時候寇斯的胸口會喘不過氣，那會立刻令我坐起，這時仁波切會慢慢起身，從遠處看一下，然後再次坐下。如此過了幾個小時。最終，我們真的上床睡覺了——仁波切在他的房間，女孩們在另一個房間，而我在寇斯旁邊，睡得像塊木頭一樣沉。

〔三月十二日，週日〕

隔天早上早餐的時候，仁波切指示我打電話給幾個人，讓他們可以在寇斯還活著的時候，跟他道別。此舉說起來不是爲了他們，而是爲了保護我，以免我日後受到他們的指責：「你怎麼沒有打電話給我？」除了高燒、發汗、濕漉漉的床和愈來愈短促的呼吸之外，這天接下來的時間都過得很平靜。我一直想坐在寇斯身旁，但是仁波切屢次叫我離開他。「有什麼用？」對，有什麼用呢？最後，仁波切和我輪流、接著是同時念誦我們的祈請文、做修持，或只是坐著。仁波切總是坐在離床邊一段距離之外的地方，不觸碰寇斯，只是定期用番紅花的混合水來濕潤寇斯的嘴和眼。

那一夜將會非常寒冷，所以我們和提摩一起關水，把幫浦拿出溝渠。提摩非常想回家，但是仁波切跟他說：「你何不留下來呢？」仁波切的心情愉快，除了他必須做什麼事情的時候，那時他就會非常專注，而且非常一絲不苟。一種安靜、放鬆、愉悅地出奇的氣氛瀰漫在屋內，令某些訪客感到有點不悅。對，我們必須吃東西，所以我們煮飯；動物必須有人照料；而且我們必須喝茶、吃餅乾……同時，有人正在死去。

隨著夜晚的時間過去，寇斯的呼吸變得愈來愈短促。在我小姑的建議下，我們決定不再給他翻身了，而是讓他繼續睡在他「最好的那個側邊」。當晚我仍然在他附近做自己的各種修持，特別是觀音祈請文，並且和平常一樣睡在他旁邊、我自己的床上。我可以聽到點滴輸液幫浦的嗡嗡聲、寇斯的呼吸聲，以及房子裡的沉寂無聲。隨著深夜過去，喘息的情形略有改善。

〔三月十三日，週二〕

六點五分的時候，就像每天早晨一樣，又瞎又老的臘腸犬開始吠叫，牠想要去外面，而和平常一樣，因爲牠的小瞎眼，牠又站在不對的那扇門前。我再度回到床上，半睡半醒地看著寇斯。現在他的呼吸非常安靜，我注意到他的呼吸改變了；然後在七點的時候，第一個呼吸停止，第二個呼吸停止，最終第三個呼吸停止。那是他的最後一個呼吸——在那一刻，外在呼吸停止了。我起床去請仁波切過來，他正要去沐浴。他探了一下寇斯的頸動脈，然後對著寇斯的耳朵說：「寇斯，你現在感知和聽到的一切，無非都是一個幻相。想著怙主楚璽仁波切。」仁波切在一把椅子上坐下，拿著他的祈請文集。我穿著睡衣坐在床上，一度想著：「我現在該哭嗎？」不過我很快捨棄了那個想法，所以我們就那樣坐著度過了相當長的一段時間。沒有了寇斯的粗重呼吸，變得很安靜，但是非常平和安詳，他看起來幾乎是年輕的。

然後我們吃早餐。仁波切之前已經對棺材、車子、卡片文字感到非常滿意。我告訴他寇斯的計劃，但是這些被取消了，因爲人們必須有機會向他道別。幸運地是，寇斯在他的指示之下加了一句「除非仁波切有別的決定」。我打電話給家庭醫師，他想要馬上過來，但是我請他延遲一下，下午過完再來，「因爲我們還有很多事情要做。」他同意了，不過感到非常訝異。我們吃了一頓漫長豐盛的早餐，之後就是行動。仁波切記下我們所有人的出生年份，然後打電話給他的弟弟吉美・欽哲仁波切。由於各種元素的關係，只有出生在相符年份的人才可以觸碰寇斯，結果是凱蒂、吉伯特和我。吉美・欽哲仁波切也決定了火葬的日子：週三——天哪，這麼快——那就週四，愈早愈好。凱蒂安排好了棺材、車子、訃文卡片和火葬場。

然後仁波切叫我們——凱蒂與我——準備一碗番紅花水。我們到寇斯那裡，小心翼翼地，在不改變他姿勢的情況下，移除羽絨被。「他不需要那個了。」仁波切說。我們非常小心地清洗他——其實更像是在輕輕拍拭他，尤其是他的頭頂，我也拿掉了點滴和導管。仁波切坐在他的椅子上觀看著，交由我們進行工作，偶爾給我們一些指示。寇斯是以「獅子臥姿」躺著，也就是躺在他的右側（恰巧那是他躺著較容易呼吸的那一側，所以我們就讓他那樣躺著）。他是赤裸的，除了肌膚會相觸的那幾處，我們用毛巾隔開來；我們在他身上蓋上一條乾淨的床單，仁波切注意到他的腳趾伸了出來，而那對訪客是不適當的。

我們必須馬上清理他床邊的桌子——假牙、眼鏡、藥品……一切私人物品全都必須清理掉；其他東西也一樣，像是刮鬍膏、牙刷。對於這一切的東西，有幾個準則：關於床單、毛巾之類的東西，是否可以清洗？如果可以，你就能夠日後再次使用；如果不行，那麼就必須清除丟棄。私人物品如果不是丟掉，就是收在一旁以待日後送人。而且我們必須洗刷並清潔房間。在這種種的活動過程中，仁波切繼續像平常一樣地念他的祈請文，屋內瀰漫著一片輕鬆、寂靜的氛圍。

木匠帶來棺材，那棺材已經在他的工作室裡待命數週了。那是一副非常漂亮的棺材，厚厚的松木，帶著美麗的繩索把手。仁波切非常興致勃勃，他甚至感興趣到想讓我們全都試試那副棺材——這點讓木匠和他的朋友花了些時間才適應。

午餐的時候，出乎意料地也給寇斯留了個位置；沒關係，因爲他的食物變成了供養。午餐之後，仁波切和其他幾個人一起去購物。他帶著一整車的東西回來：食物、鮮花、蠟燭之類各式各樣的東西。他眞的很想要給我們所有人買披薩之類的食物，但是有人向他指出那不是「我家的風格」，所以取而代之地，他買了大量的豆子和白米，以及很多、很多的餅乾給明天的訪客。棺材被置放在咖啡室中，而突然之間，咖啡室中到處都是鮮花，並且點上了蠟燭。

下午快結束的時候，他們正要練習如何讓棺材在走廊轉角處轉彎，這時家庭醫師突然來到了前門，於是他們全都迅速散去。家庭醫師非常震驚寇斯竟然還像這樣側躺在床上，我只說了：「對，他還這樣躺著。」（仁波切向我保證：「回答得非常好。」）然後，他填寫了所有的必要文件。

同時，仁波切、我或別人坐在寇斯旁邊，或者做自己的修持，或者就只是坐著。臥室也變得滿佈鮮花、蠟燭和燃香。晚上，我們全都在印著壇城的紙張上撒上番紅花水，然後把它們掛起來晾乾。我不確定那個晚上自己應該睡在哪裡，仁波切很驚訝地看著我：「當然你就睡在那裡，在寇斯旁邊的床上……」

那是非常寒冷的一天，空氣尤其清爽，而且非常、非常安靜。我那個晚上睡得非常好。

〔三月十四日，週二〕

隔天早餐過後，仁波切叫我和他過去看寇斯。他說：「摸摸他的心臟那裡，感覺一下。」那裡很溫暖，非常溫暖。我一時沒有想到這個現象的重要性——對，當然是溫暖的。我完全忘了一般來說，屍體應該是冰冷的，非常冰冷，從頭到腳都是冷冰冰的。仁波切非常欣喜，而我唯一想到要說的，就是問他：「這是不是個好兆頭？」

「是，是，非常好的徵兆。」之後，仁波切就只說著這句話：「幸運的男孩。」

這個徵兆的重大性才慢慢地進入我的心中。寇斯仍然在禪修，而且只要他保持如此，就不會腐壞，得以維持著他肉體的正常色澤。他還在那裡——

寂靜，容光煥發，青春，光明。我想著這類的事情：「那麼寇斯成功做到了……而且他對此所講的話不是空洞無義的。」

「在死亡的時刻，即使一個人無法立即證得圓滿的覺醒，這個體驗也會具有極大的價值。肉體的成形是經由父精母血的結合以及五大元素的支持，在死亡的那一刻，這些元素一一相互消融。最終心識融入空性中的時候，每一個眾生都會經歷明光的體驗，那是心的本俱自性。一個人沒有給自己機會去體驗它，所以在這一生中無法認出，然而這樣的明光一直是存在的。而所有眾生在死亡的時候，毫無例外地都會體驗到它；不幸的是，如果他們在生時沒能設法了知這項明光，那麼他們就會感到害怕——害怕其實是屬於自身的這項光明。這就是爲什麼，爲了避免這種在死亡時刻妨礙我們獲得證悟的恐懼，我們現在就要開始訓練自己，要對自己的內在光明有所覺知，這將會產生極大的助益。」①

之後，這一天繼續下去。有人必須去市政廳、去印些東西。很多訪客也到達了。而在這之前，咖啡就已經準備好了。

原註：

①貝瑪．旺嘉仁波切：《智慧之金剛石》（*Diamonds of Wisdom*，譯自法文 Diamants de Sagesse），貝瑪卡惹（Padmakara）出版。

仁波切用餅乾之類的東西弄出一盤盤棒極了的食物。凱蒂負責帶訪客去寇斯那裡，規則十分嚴格：不許任何人觸碰他，而且凡是無法抑制情緒的人都必須離開房間，不准說話，或者說是幾乎不允許任何談話——這全都是爲了確保寇斯不受打擾。仁波切一直密切注意寇斯躺著的那個房間：只要有人在我床上坐了一分鐘，就必須馬上把床整理好；一切都必須看起來井井有條，鮮花、蠟燭、燃香都必須如此。

仁波切自己的房間裡堆滿了食物。那些日子，我不太有好奇心是件好事：我看到了，但是不問任何問題。各色人士遊行般地魚貫前來——因爲寇斯的生活，所以這不是什麼讓人驚奇的事。

午餐之後，仁波切宣布說他「要去布魯塞爾一會兒」。吉伯特從艾莫伊登回來帶他去阿姆斯特丹，不過他們先一起去了艾莫伊登的魚店。仁波切贏得所有店員的歡心，甚至到現在他們還經常問我：「那個親切的人什麼時候會再來？」仁波切買下所有的魚，宣布說：「把自己的銀行戶頭清空眞好。」然後他們一起放生了所有的鰻魚、螃蟹和龍蝦。接下來的七週還有更多、更多的動物會被放生。仁波切在半夜抵達布魯塞爾，他在那裡的弟子已經等他等了好幾個小時。

等到晚上訪客離開之後，我們有種晚上終於可以放假的感覺。我們不需要烹調太多的食物（雖然很可惜沒有任何披薩），而且我們在書寫信封的時候，喝了一瓶啤酒。那種感覺就像是年輕的時候，老師暫時離開課堂的感覺。並且我以極爲輕鬆的心情睡在「我的寇斯」旁邊。

〔三月十五日，週三〕

週三是類似的一天，有很多人過來，要購物，要烹煮食物……我們注意到現在自己已經開始有點累了。

早餐的時候，仁波切打電話叫我再去摸摸寇斯心臟周圍的部位。「是的，仍然非常溫暖。」對此他高興地說，這樣的話我們可能必須將火化延期。對於我略感不安的反應，他補充說：「他們當然會理解的。」此外，他叫我們今天必須非常安靜：絕對不能讓人去觸碰寇斯，而且最重要的是，不可以有人在他床邊展露感情；但後來來了許多的人，有人想去觸摸寇斯的時候，凱蒂差點嚇到心臟病發——就這一點來說，她成了仁波切的好替身。而到那一天結束時，大家都已經成了仁波切的好替身。

大約八點的時候，仁波切也回來了。我想要告訴他來了多少人、我有多累等等，但是他愉快地回答：「人？我什麼人都沒看到……這不過是一場夢……」我已經筋疲力盡了。仁波切再度叫我去感覺寇斯的心口。是的……現在他是冷的、冰涼的，於是一切都可以按照計劃進行了。

晚餐的時候，展開了一場關於明天要幾點起床的討論。寇斯還躺在他的床上，必須在火化之前把他放進棺材裡，而且我們必須在十點之前抵達火葬場。吃甜點的時候，當仁波切正在把熱茶澆在我的冰淇淋上的時候（「否則會太冰了」），他說：「喔，我們只需要十分鐘。」

晚上凱蒂和我按照仁波切的嚴格指示處理寇斯。寇斯並未變得僵硬，那讓一切事情都非常容易。在他死後，我馬上放在旁邊的白床單終於派上了用場；我們把一張床單鋪在寇斯下面——順帶一提，他還是側躺著。仁波切撕開床單的特定地方，讓我們可以緊密地「把他裹起來」，打上結實的結。寇斯從頭到腳都被包了起來。然後我們在他下面再拉開另一條床單，這會是明天早上的「運送床單」。仁波切在他上面放上一條哈達，最後是他的紅色禪衣。

是的，這樣一來，我們應該確實只需要十分鐘就能把寇斯放進他的棺材裡。我決定那晚睡在別的地方，卻完全無法入眠。

〔三月十六日，週四〕

一切都準備好了，車子停在大門前，被擦得乾乾淨淨，不過後車窗上仍然掛著車商的綠色試駕車牌，而且每一個人都到了。

我們很早就吃了早餐。我們這一群人興高采烈，看起來完全不像是要去參加火葬。我們大多數人都比原本預定的時間待得更久，所以向彼此借穿了各種衣服，但我們仍然相當整潔。

早餐之後，我必須和仁波切到外面，把供養獻給八個方向的風。昨晚我就在好奇他為什麼準備了一個盛有一片指甲、一點土、水和火柴的托盤。

外面非常寒冷，伴隨著刺耳的強風。棺材架在走廊的兩個木板凳上。木匠放在裡面的小睡墊又被拿了出來，「寇斯不需要那個」，取而代之的是放了一條哈達。仁波切問我是否還有藏式藥丸。是的，我有，它們幾乎完全消失在一個大碗裡（在一段簡短的「你還需要這些嗎，是的……不……」對話之後）。然後我們全都去臥室抬起「寇斯小包裹」——我抬頭，凱蒂抬腳，提斯與吉伯特抬中間的部份。我們把他抬下樓，頭先進去的放進棺材裡。我們用來抬他的那條白色床單被端正地鋪好，寇斯上面蓋著他打坐禪修時一直穿著的一件紅色衣服，在那上面則是另一條哈達。現在我明白為什麼仁波切的房間裡貯藏了那麼多食物，因為現在這些食物全都被拿了出來。首先我必須在寇斯身上撒芝麻，從頭到腳都是；之後是在他身旁擺上所有的藏藥，之後是所有的餅乾、堅果，以及甚至更多的餅乾……然後是從臥室拿來的所有花朵，一朵又一朵的，我們必須用鮮花把寇斯完全覆蓋住。我們從禪房與咖啡室拿來了更多的花朵，全都挨著寇斯放好。最後除了花以外，什麼都看不到，然後蓋上棺蓋，上面再鋪上另一條哈達，再把剩下的所有花朵全都擺在棺材上。現在，棺材可以抬出去了。

我曾經告訴仁波切，我覺得棺材應該從前門抬出去。在農莊裡，你只有在結婚的時候才從前門進來，你死亡的時候也是從同一個門離開農莊。仁波切覺得這沒什麼道理，但是我們還是從前面出去。抬棺的方式和之前相同，我抬頭的部分，凱蒂抬腳，四位男士抬中間的部分。我們把棺材放進車裡，它就像戴手套一樣的貼合！

我去貯藏食物的地方見仁波切——現在我的餅乾、巧克力等等的整個食物儲備全沒了，反倒出現了一塊很大的起司。仁波切打開棺蓋，凱蒂必須把所有東西整整齊齊地放進去。他覺得進展太過緩慢，於是和凱蒂調換位置，說：「哈，現在我們可以慢慢來了……」事情還沒完，我必須和仁波切一起到臥室裡，把寇斯床上的寢具全部剝光。所有寢具都放進洗衣籃裡，然後在床上放上一張怙主楚璽仁波切的照片以及一束鮮花。

我們上路。開車的是提斯，他坐著的時候膝蓋正好頂著方向盤，凱蒂坐在他旁邊，如寇斯的期望一般。鄰居們站在外面，向我們揮手道別。凱蒂以爲他們轉錯彎的時候，幾乎心臟衰竭——不過事情原本有可能更糟。

十點整的時候，我們抵達火葬場的「機房」。通常在火葬場，人們坐在一個房間裡，聚會終了的時候，棺材會消失在一道簾幕後面或是降下消失。我們現在就是身處於棺材最終到達的地方。一位身穿黑服、莊重肅穆的男士，帶著一成不變的表情，跟這群形形色色的人，包括一位身著紅袍的西藏人共處一室；寇斯的女兒按下按鈕：火爐的門打開，棺材緩緩滑入。你聽到木頭爆裂開的劈啪聲……仁波切開始念他的祈禱文。一段時間過後，火葬場

寇斯和他的女兒以斯帖．維吉（Esther Wietje）

的男子變得有點緊張不安：這要搞多久？別人已經在等了……經過一番協商之後，他們允許我們再待十分鐘。於此同時，仁波切繼續供養寇斯及一切的藥丸、食物、鮮花，以利益一切眾生。嗡　班匝　薩埵　吽……

之後，我們在一家本地餐廳喝咖啡，同時仁波切繼續他的修法。他告知我們當晚他會傳法。

等到回家後，我正想著：「啊，我終於能悠閒地喝杯咖啡，略微放鬆一下了……」然而並非如此。仁波切已經在叫我去清理臥房——馬上。「現在？」「對，現在！清理它，把寇斯的床拿出去，重新擺設房間。」

至此，可能有些讀者會開始納悶：「這是什麼樣的關係？事情爲什麼是這樣？難道你再也不能擁有自己的想法和意見嗎？」事情是這樣的，貝瑪·

旺嘉仁波切是我的上師，並且我絕對地信任他。上師與弟子之間的關係非常微妙（即使你在讀完這個故事之後，不一定會這麼認爲），這樣的關係與一個「正常的關係」完全無法做比較，它甚至超越了「我認爲他知道什麼對我是好的」或是「他說的就是一種指令」等等的想法。我視仁波切爲完整法教的成熟之源，他也同樣視我如此，而當我就只是按照他的話去做的時候，相較於我按照自己的（習慣性）見解去行事，我會達到一種截然不同的境地。我感覺他正用一把鋒利的劍斬斷我所有的習性，單用一句話（或者有時候就只是瞟我一眼）就斬斷了我所有的看法。在那一刻，我所有的念頭全都分崩離析——而那是令人驚歎不已的。

所以，在上午的活動之後，凱蒂和我沒有時間安靜地閒聊，反而是開始動手整理、打掃，其他人則在書寫信封和準備要郵寄的訃告卡片，還有些人忙著煮飯，並且所有的「我家」常客都打電話來詢問仁波切當天晚上的教學詳情。我們全都在同一時間結束手邊的工作，在餐桌附近會合，等著用午餐。到處都見不到仁波切的身影，因爲他在打電話。奇蹟般地，他竟然設法和怙主楚璽仁波切通上了話——能用電話聯繫上他是件罕見的事，但顯然今天是個例外。午餐的餐點和平常一樣，有著大量的食物及很多輕鬆的玩笑話。最後，仁波切又潛入儲藏櫃中，用他自製的甜點給我們大家一個驚喜。

下午就是懶洋洋的感覺了，有些人回家，仁波切去外面懸掛風馬旗，我則試著睡個午覺，還有人全然筋疲力竭地癱倒在沙發上。

仁波切給了凱蒂更多關於如何處理特定事宜的指示：寇斯的所有東西都

必須在十四天之內清理掉。他的乾淨衣物和洗過的衣物可以捐給慈善機構或是捐給能用得上這些東西的人。這個原則適用於他的所有東西。但如果有什麼東西是無法清潔的，就必須丟掉。

在喝茶的時候，突然之間，凱蒂必須念誦祖古·烏金仁波切（Tulku Urgyen Rinpoche）書中關於他死後三天維持禪定（圖當）的敘述，接著我們又必須煮飯，因爲仁波切要在八點的時候開課。

晚餐時，我滿懷希望地詢問：「您只是要做個修法，不需要我翻譯，對嗎？」回答很簡短：「不，你要翻譯。」好，我翻譯。來了很多人。仁波切告訴他們，寇斯死後，他感到多麼快樂並深受鼓舞，那份鼓舞是我們全都感受到的。晚上，我則得到了關於自己修持的進一步指示。

〔三月十七日，週五〕

隔天仁波切一大早就要離開，所以我們再度五點吃早餐。我們揮手告別他，然後再次鑽回床上。這時屋內的感覺是一種很奇怪的空虛——沒有寇斯，沒有仁波切……我們喝了些咖啡，然後女孩們、提斯及優瑟琳打掃了整間房子。

午飯之後，團隊又回到幾天前的狀態：凱蒂、安妮麗絲和我。我烤了一個蘋果派，因爲週六是寇斯的生日，他的八十大壽，而生日就一定要有蘋果派。

那天晚上我們吃了一個披薩。

〔三月十七～十八日，週六～週日〕

週六和週日的時間，我們都用在清理東西上頭。我們清掉了寇斯所有的衣服，洗了所有的床單和毛巾，所有藥品都被退還給藥房，諸如此類的。

我們吃蘋果派，一起做修持，散步。我有點淚汪汪的，仍然感覺有些奇怪，就好像有一部分的自己被截肢掉了。

週日上午，電話響了——是仁波切，像平常一樣是一個簡短的交談。凱蒂獲得指示要告訴她的母親：「她必須堅強。」我獲得了下一個訊息：「當你覺得情緒升起的時候，除非你想受苦，否則要記得它們是個幻相。」接獲那個訊息之後，我的哭泣就結束了。

週日晚上，我再次獨自一人。

接下來的幾個星期，我們依照一個排得滿滿的行程表度過。早上九點是爲了寇斯（以及所有其他眾生）而進行的修法，下午和晚上我仍然有自己的修持要做。早上總是會有些人過來，尤其是寇斯死後的週日；那是很棒的支援，因爲對我來說，現在這眞的變成一個「沒有寇斯的房子」了——那種感覺很空虛，非常空虛，並且陌生。但是，我隨手帶著自己所寫關於情緒的字條，並且留意要讓覺知處於當下。儘管如此，我確實注意到——挺讓我吃驚的——生活依舊如常進行著。當我偶爾生起「天哪，我到底在這裡做什麼？」這類感覺的時候，電話鈴聲往往會在這時響起，另一頭是令人非常愉快的仁波切，說著諸如此類的話：「那不就是你一直非常想要的，去閉關？……加深你的禪修，照料動物，你要做的就是這些，沒有別的了……」

由於寇斯與我已經事先清理掉非常多的東西了，因此，要在十四天之內處理好一切並不是個問題。沒有其他眞正需要被清掉的東西。幸運的是我還找到一個抽屜，裡面滿是我們沒有注意到的投影片，不過它們已經標好了是要給誰的。仁波切已經指示兩位女孩在這四十九日之內，每個週末都要來「我家」，而她們也眞的做到了！

在第四十九日那一天，有一些結束這段時期的特別修法，我們做了一場盛大的薈供。那天天氣非常好，很多人都來了，薈供非常令人難忘。我們全心全意地迴向修法，之後喝咖啡；然後我們出發前往海邊，到阿夫魯戴克那裡。仁波切特別指示我們要把寇斯的骨灰撒到海裡，作爲對海中所有眾生的供養。

隊伍出發……我們帶上了所有的東西嗎？骨灰、所有的花朵、全部的薈供品……是的。沿著阿夫魯戴克堤道的半路上有一個碼頭，長長地延伸入大海，你可以走在上面。有更多的人在那裡等著我們。我們撒了骨灰，周圍再撒上所有的鮮花和食物，景象十分壯觀。

當晚，所有人都再度離開之後，我第二次感到自己處於一個特別空蕩的屋子裡。但幸運的是，爲寇斯進行的修法還沒結束。有些骨灰被留了下來，而我要對它們再進行一百天的特殊修持。

「寇斯的修行故事」就此結束。

貝瑪．旺嘉仁波切在法國的弟子告訴我，仁波切從荷蘭回去時非常開心，而且關於寇斯的死亡，他說：「現在我再度明白自己爲什麼要傳法。」而我，以及其他很多和我在一起的人，現在也再度明白爲什麼我們要修持，爲什麼我們要讓自己熟悉教法。

寇斯不是一個做過很多長期閉關的人。坦白說，他並不是眞的那麼喜歡閉關。他只是在自己能找到時間的一切處所，時時刻刻、到處做著他的修持。怙主楚璽仁波切曾經在寇斯生前給過他往生極樂佛土的引導指示，有時候我會問他：「你會花點時間想想那個嗎？」那時他的回答有些令人驚訝：「想著極樂世界？極樂世界就在這裡……」

來自寇斯的最後訊息：「現在就看你自己是否要做出這個大膽的決定了：在這一生，立刻踏上這條道途。祝你一路順風，平安抵達！」

結語

貝瑪・旺嘉仁波切

我認識寇斯有好幾十年了。發生在寇斯身上的事，不是沒有原因和道理的。實話告訴各位，寇斯和我是非常好的朋友，我們會再度相遇，必然是出自前世的緣分。這只是我自己的一種感覺，不過我覺得他一定是甘珠爾仁波切以前的一位弟子。

寇斯對我的信任不只是對一位普通朋友的信任，因此我也信任他去分享那些來自我至爲大恩珍貴上師們的教法，這些上師包括甘珠爾仁波切、敦珠仁波切與頂果・欽哲仁波切。

我想你可以說，我給予他的引導與教誨是以前行作爲基礎，正行則是結合了大手印與大圓滿的六種瑜伽，以及依據甘珠爾仁波切伏藏的蓮師修持。我們很簡單但小心謹慎地講解了這些教法。

我要求他在死亡之前，務必準備好所有的一切，不只是他的精神修持，也包括他所有的個人事務與所有物；不管是留下什麼東西，都不應該造成任何人的受苦或不便。因此，在他最和善的莉迪以及孩子幫助下，他一一審視了自己所有的私人物品，逐步整理好一切東西，不是送人，就是拿去回收。

我之所以要求他這麼做，是有原因的。以前有很多、很多的弟子追隨偉大的巴楚仁波切（《普賢上師言教》的作者），他們從一個地方雲遊到另一個地方，以岩洞爲棲身之處，或是住在樹下或廢墟裡。有一個弟子住在一處廢墟裡，用自己保存的一根骨頭熬湯。在這名弟子死亡的時候，有一個障礙阻止他獲得解脫。巴楚仁波切指示說，這名弟子必然留下了什麼東西，所以他差遣幾位侍者去這個弟子的房間查找。房間是空的，他們什麼也沒找到，但是巴楚仁波切堅持他們再找一遍。這次他們看見廢墟牆上有一塊石頭是鬆動的，在那石塊後面，那位弟子藏著那一小塊他之前用來熬湯的骨頭。他們把骨頭拿回去給巴楚仁波切，壓碎了拿來做一場餗供（嗅供）。完成供養之後，那位弟子終於獲得了寂靜：他從自己對那微不足道的湯骨之執著中，獲得了解脫。

在我們死亡之後，我們的心意會變得極端敏感細微。事實上，我們會變成敏感到能感受其他人的情緒，並且能實際見到和聽到他們的想法，肉體上的阻礙不復存在。那是一個極端痛苦的過程，因爲我們能夠見到別人、聽到別人，但是他們卻沒有辦法與我們交流。那是痛苦且孤獨的；而且如果我們沒有讓修持堅定地根植於自己心中，那就會成爲巨大迷亂與受苦的肇因。我們的心也可能變得非常黏著或憤怒，對最微不足道的事物生起執著；如果這發生在死亡的時刻，就會成爲解脫的巨大障礙。

只要你有智慧並且對自己所受的教法具有信心，那麼上師與教法的加持便可留存並施行於當今這個時代。我能看見寇斯在他自己的修持上有所進步，並且他的疾病沒有對他形成障礙。即使疼痛極端劇烈，以致於他必須使用嗎啡的時候，他也能有短暫的片刻想到其他眾生的苦，並且將情況轉化成一種加持。「生病眞好。只要我們具持菩提心的心念，疾病就能耗盡自己和他人過去的惡業。」藉由實修這樣的心態，他明白疼痛不是永久的，並且能夠生起對其他受苦眾生的悲心。

當他明白自己所擁有的時間是如此珍貴的時候，疾病也成爲另一種加持：他無法拖延或是敷衍自己的修持，因爲他離死亡愈來愈近。如同佛陀所說：「每一個出生的人，都有死亡的那一天。每一個聚會，都有解散的時候；每一個建築，都會崩潰瓦解；積聚的一切，終將散盡。同樣地，每一個出生的盡頭都是死亡。」我經常提醒他：明天或是下一輩子，哪一個會先來？我們永遠不得而知。因此，他沒有浪費自己的時間，非常精進地修持。

我們大家全都需要知道如何恰當地死亡，以及如何爲我們的下一輩子做好準備。「一切和合事物的自性都是無常，一切的墮犯（惡業與煩惱）都會帶來苦，一切現象的自性都不實存，超越苦就是究竟的寂靜。」從他死亡的時刻判斷，我知道他確實進行了正確的修持，並且獲得了解脫。

致謝

《寇斯的修行故事》得以問世並且完成其翻譯工作，得助於許多人的貢獻。

首先最重要的是，我們要感謝吉美．欽哲仁波切的持續支持，以及貝瑪．旺嘉仁波切為本書撰寫了結語。

再者，我們感謝下列人士的辛勞、提問與評語，以及他們對於改善本書的建議。

荷蘭文版：保羅．德勇（Paul de Jong，1947–2012），雅普．費爾胡芬（Jaap Verhoeven），卡霍莉．范．歐斯坦德（Caroly Van Oostende）與

史蒂芬・斯坎布拉克斯（Stephan Skambraks）。

英文翻譯：蘇菲亞・歐雷殷斯瑪（Sofia Olijnsma），凱蒂・斯密特（Katie Smit）與史蒂芬・葛亭（Stephen Gethin）。

法文翻譯：安・宗宗（Anne Zonzon），凱倫・布格（Karin Bügel）與史蒂芬・葛亭（Stephen Gethin）。

葡萄牙文翻譯：佩德羅・卡爾竇叟（Pedro Cardoso）與佩德羅・奧爾塔・埃・寇斯塔（Pedro Horta e Costa）。

丹麥文翻譯：嚴森（Christian Schjerbeck Jensen）與莉絲・霍姆（Lise Holm）。

凱蒂・斯密特負責監督本書的催生過程。本書能夠出版，還要感謝嚴森的慷慨護持。

橡樹林文化 ❖❖ 眾生系列 ❖❖ 書目

JP0001	大寶法王傳奇	何謹◎著	200 元
JP0002X	當和尚遇到鑽石（增訂版）	麥可・羅區格西◎著	360 元
JP0003X	尋找上師	陳念萱◎著	200 元
JP0004	祈福 DIY	蔡春娉◎著	250 元
JP0006	遇見巴伽活佛	溫普林◎著	280 元
JP0009	當吉他手遇見禪	菲利浦・利夫・須藤◎著	220 元
JP0010	當牛仔褲遇見佛陀	蘇密・隆敦◎著	250 元
JP0011	心念的賽局	約瑟夫・帕蘭特◎著	250 元
JP0012	佛陀的女兒	艾美・史密特◎著	220 元
JP0013	師父笑呵呵	麻生佳花◎著	220 元
JP0014	菜鳥沙彌變高僧	盛宗永興◎著	220 元
JP0015	不要綁架自己	雪倫・薩爾茲堡◎著	240 元
JP0016	佛法帶著走	佛朗茲・梅蓋弗◎著	220 元
JP0018C	西藏心瑜伽	麥可・羅區格西◎著	250 元
JP0019	五智喇嘛彌伴傳奇	亞歷珊卓・大衛－尼爾◎著	280 元
JP0020	禪　兩刃相交	林谷芳◎著	260 元
JP0021	正念瑜伽	法蘭克・裘德・巴奇歐◎著	399 元
JP0022	原諒的禪修	傑克・康菲爾德◎著	250 元
JP0023	佛經語言初探	竺家寧◎著	280 元
JP0024	達賴喇嘛禪思 365	達賴喇嘛◎著	330 元
JP0025	佛教一本通	蓋瑞・賈許◎著	499 元
JP0026	星際大戰・佛部曲	馬修・波特林◎著	250 元
JP0027	全然接受這樣的我	塔拉・布萊克◎著	330 元
JP0028	寫給媽媽的佛法書	莎拉・娜塔莉◎著	300 元
JP0029	史上最大佛教護法－阿育王傳	德千汪莫◎著	230 元
JP0030	我想知道什麼是佛法	圖丹・卻淮◎著	280 元
JP0031	優雅的離去	蘇希拉・布萊克曼◎著	240 元
JP0032	另一種關係	滿亞法師◎著	250 元
JP0033	當禪師變成企業主	馬可・雷瑟◎著	320 元
JP0034	智慧 81	偉恩・戴爾博士◎著	380 元
JP0035	覺悟之眼看起落人生	金菩提禪師◎著	260 元
JP0036	貓咪塔羅算自己	陳念萱◎著	520 元
JP0037	聲音的治療力量	詹姆斯・唐傑婁◎著	280 元
JP0038	手術刀與靈魂	艾倫・翰彌頓◎著	320 元
JP0039	作為上師的妻子	黛安娜・J・木克坡◎著	450 元

JP0040	狐狸與白兔道晚安之處	庫特．約斯特勒◎著	280 元
JP0041	從心靈到細胞的療癒	喬思．慧麗．赫克◎著	260 元
JP0042	27% 的獲利奇蹟	蓋瑞．賀許伯格◎著	320 元
JP0043	你用對專注力了嗎？	萊斯．斐米博士◎著	280 元
JP0044	我心是金佛	大行大禪師◎著	280 元
JP0045	當和尚遇到鑽石 2	麥可．羅區格西◎等著	280 元
JP0046	雪域求法記	邢肅芝（洛桑珍珠）◎口述	420 元
JP0047	你的心是否也住著一隻黑狗？	馬修．約翰史東◎著	260 元
JP0048	西藏禪修書	克莉絲蒂．麥娜麗喇嘛◎著	300 元
JP0049	西藏心瑜伽 2	克莉絲蒂．麥娜麗喇嘛◎等著	300 元
JP0050	創作，是心靈療癒的旅程	茱莉亞．卡麥隆◎著	350 元
JP0051	擁抱黑狗	馬修．約翰史東◎著	280 元
JP0052	還在找藉口嗎？	偉恩．戴爾博士◎著	320 元
JP0053	愛情的吸引力法則	艾莉兒．福特◎著	280 元
JP0054	幸福的雪域宅男	原人◎著	350 元
JP0055	貓馬麻	阿義◎著	350 元
JP0056	看不見的人	中沢新一◎著	300 元
JP0057	內觀瑜伽	莎拉．鮑爾斯◎著	380 元
JP0058	29 個禮物	卡蜜．沃克◎著	300 元
JP0059	花仙療癒占卜卡	張元貞◎著	799 元
JP0060	與靈共存	詹姆斯．范普拉◎著	300 元
JP0061	我的巧克力人生	吳佩容◎著	300 元
JP0062	這樣玩，讓孩子更專注、更靈性	蘇珊．凱瑟．葛凌蘭◎著	350 元
JP0063	達賴喇嘛送給父母的幸福教養書	安娜．芭蓓蔻爾．史蒂文．李斯◎著	280 元
JP0064	我還沒準備說再見	布蕾克．諾爾 & 帕蜜拉．D．布萊爾◎著	380 元
JP0065	記憶人人 hold 得住	喬許．佛爾◎著	360 元
JP0066	菩曼仁波切	林建成◎著	320 元
JP0067	下面那裡怎麼了？	莉莎．瑞金◎著	400 元
JP0068	極密聖境．仰桑貝瑪貴	邱常梵◎著	450 元
JP0069	停心	釋心道◎著	380 元
JP0070	聞盡	釋心道◎著	380 元
JP0071	如果你對現況感到倦怠……	威廉．懷克羅◎著	300 元
JP0072	希望之翼： 倖存的奇蹟，以及雨林與我的故事	茱莉安．柯普科◎著	380 元
JP0073	我的人生療癒旅程	鄧嚴◎著	260 元
JP0074	因果，怎麼一回事？	釋見介◎著	240 元
JP0075	皮克斯動畫師之紙上動畫《羅摩衍那》	桑傑．帕特爾◎著	720 元
JP0076	寫，就對了！	茱莉亞．卡麥隆◎著	380 元

JP0077	願力的財富	釋心道◎著	380 元
JP0078	當佛陀走進酒吧	羅卓．林茲勒◎著	350 元
JP0079	人聲，奇蹟的治癒力	伊凡．德．布奧恩◎著	380 元
JP0080	當和尚遇到鑽石 3	麥可．羅區格西◎著	400 元
JP0081	AKASH 阿喀許靜心 100	AKASH 阿喀許◎著	400 元
JP0082	世上是不是有神仙：生命與疾病的真相	樊馨蔓◎著	300 元
JP0083	生命不僅僅如此—辟穀記（上）	樊馨蔓◎著	320 元
JP0084	生命可以如此—辟穀記（下）	樊馨蔓◎著	420 元
JP0085	讓情緒自由	茱迪斯．歐洛芙◎著	420 元
JP0086	別癌無恙	李九如◎著	360 元
JP0087	甚麼樣的業力輪迴，造就現在的你	芭芭拉．馬丁＆狄米崔．莫瑞提斯◎著	420 元
JP0088	我也有聰明數學腦：15 堂課激發被隱藏的競爭力	盧采嫻◎著	280 元
JP0089	與動物朋友心傳心	羅西娜．瑪利亞．阿爾克蒂◎著	320 元
JP0090	法國清新舒壓著色畫 50：繽紛花園	伊莎貝爾．熱志－梅納＆紀絲蘭．史朵哈＆克萊兒．摩荷爾－法帝歐◎著	350 元
JP0091	法國清新舒壓著色畫 50：療癒曼陀羅	伊莎貝爾．熱志－梅納＆紀絲蘭．史朵哈＆克萊兒．摩荷爾－法帝歐◎著	350 元
JP0092	風是我的母親	熊心、茉莉．拉肯◎著	350 元
JP0093	法國清新舒壓著色畫 50：幸福懷舊	伊莎貝爾．熱志－梅納＆紀絲蘭．史朵哈＆克萊兒．摩荷爾－法帝歐◎著	350 元
JP0094	走過倉央嘉措的傳奇：尋訪六世達賴喇嘛的童年和晚年，解開情詩活佛的生死之謎	邱常梵◎著	450 元
JP0095	【當和尚遇到鑽石 4】愛的業力法則：西藏的古老智慧，讓愛情心想事成	麥可．羅區格西◎著	450 元
JP0096	媽媽的公主病：活在母親陰影中的女兒，如何走出自我？	凱莉爾．麥克布萊德博士◎著	380 元
JP0097	法國清新舒壓著色畫 50：璀璨伊斯蘭	伊莎貝爾．熱志－梅納＆紀絲蘭．史朵哈＆克萊兒．摩荷爾－法帝歐◎著	350 元
JP0098	最美好的都在此刻：53 個創意、幽默、找回微笑生活的正念練習	珍．邱禪．貝斯醫生◎著	350 元
JP0099	愛，從呼吸開始吧！回到當下、讓心輕安的禪修之道	釋果峻◎著	300 元
JP0100	能量曼陀羅：彩繪內在寧靜小宇宙	保羅．霍伊斯坦、狄蒂．羅恩◎著	380 元
JP0101	爸媽何必太正經！幽默溝通，讓孩子正向、積極、有力量	南琦◎著	300 元
JP0102	舍利子，是甚麼？	洪宏◎著	320 元
JP0103	我隨上師轉山：蓮師聖地溯源朝聖	邱常梵◎著	460 元
JP0104	光之手：人體能量場療癒全書	芭芭拉．安．布藍能◎著	899 元

JP0105	在悲傷中還有光： 失去珍愛的人事物，找回重新聯結的希望	尾角光美◎著	300 元
JP0106	法國清新舒壓著色畫 45：海底嘉年華	小姐們◎著	360 元
JP0108	用「自主學習」來翻轉教育！ 沒有課表、沒有分數的瑟谷學校	丹尼爾・格林伯格◎著	300 元
JP0109	Soppy 愛賴在一起	菲莉帕・賴斯◎著	300 元
JP0110	我嫁到不丹的幸福生活：一段愛與冒險的故事	琳達・黎明◎著	350 元
JP0111	TTouch® 神奇的毛小孩按摩術——狗狗篇	琳達・泰林頓瓊斯博士◎著	320 元
JP0112	戀瑜伽・愛素食：覺醒，從愛與不傷害開始	莎朗・嘉儂◎著	320 元
JP0113	TTouch® 神奇的毛小孩按摩術——貓貓篇	琳達・泰林頓瓊斯博士◎著	320 元
JP0114	給禪修者與久坐者的痠痛舒緩瑜伽	琴恩・厄爾邦◎著	380 元
JP0115	純植物・全食物：超過百道零壓力蔬食食譜， 找回美好食物真滋味，心情、氣色閃亮亮	安潔拉・立頓◎著	680 元
JP0116	一碗粥的修行： 從禪宗的飲食精神，體悟生命智慧的豐盛美好	吉村昇洋◎著	300 元
JP0117	綻放如花——巴哈花精靈性成長的教導	史岱方・波爾◎著	380 元
JP0118	貓星人的華麗狂想	馬喬・莎娜◎著	350 元
JP0119	直面生死的告白—— 一位曹洞宗禪師的出家緣由與說法	南直哉◎著	350 元
JP0120	OPEN MIND！房樹人繪畫心理學	一沙◎著	300 元
JP0121	不安的智慧	艾倫・W・沃茨◎著	280 元
JP0122	寫給媽媽的佛法書： 不煩不憂照顧好自己與孩子	莎拉・娜塔莉◎著	320 元
JP0123	當和尚遇到鑽石 5：修行者的祕密花園	麥可・羅區格西◎著	320 元
JP0124	貓熊好療癒：這些年我們一起追的圓仔 ~~ 頭號「圓粉」私密日記大公開！	周咪咪◎著	340 元
JP0125	用血清素與眼淚消解壓力	有田秀穗◎著	300 元
JP0126	當勵志不再有效	金木水◎著	320 元
JP0127	特殊兒童瑜伽	索妮亞・蘇瑪◎著	380 元
JP0128	108 大拜式	JOYCE（翁憶珍）◎著	380 元
JP0129	修道士與商人的傳奇故事： 經商中的每件事都是神聖之事	特里・費爾伯◎著	320 元
JP0130	靈氣實用手位法—— 西式靈氣系統創始者林忠次郎的療癒技術	林忠次郎、山口忠夫、 法蘭克・阿加伐・彼得◎著	450 元
JP0131	你所不知道的養生迷思——治其病要先明其 因，破解那些你還在信以為真的健康偏見！	曾培傑、陳創濤◎著	450 元
JP0132	貓僧人：有什麼好煩惱的喵～	御誕生寺（ごたんじょうじ）◎著	320 元
JP0133	昆達里尼瑜伽——永恆的力量之流	莎克蒂・帕瓦・考爾・卡爾薩◎著	599 元

JP0134	尋找第二佛陀・良美大師——探訪西藏象雄文化之旅	寧豔娟◎著	450 元
JP0135	聲音的治療力量：修復身心健康的咒語、唱誦與種子音	詹姆斯・唐傑婁◎著	300 元
JP0136	一大事因緣：韓國頂峰無無禪師的不二慈悲與智慧開示（特別收錄禪師台灣行腳對談）	頂峰無無禪師、天真法師、玄玄法師◎著	380 元
JP0137	運勢決定人生——執業 50 年、見識上萬客戶資深律師告訴你翻轉命運的智慧心法	西中　務◎著	350 元
JP0138	心靈花園：祝福、療癒、能量——七十二幅滋養靈性的神聖藝術	費絲・諾頓◎著	450 元

橡樹林文化 ❖❖ 善知識系列 ❖❖ 書目

JB0001	狂喜之後	傑克・康菲爾德◎著	380 元
JB0002	抉擇未來	達賴喇嘛◎著	250 元
JB0003	佛性的遊戲	舒亞・達斯喇嘛◎著	300 元
JB0004	東方大日	邱陽・創巴仁波切◎著	300 元
JB0005	幸福的修煉	達賴喇嘛◎著	230 元
JB0006	與生命相約	一行禪師◎著	240 元
JB0007	森林中的法語	阿姜查◎著	320 元
JB0008	重讀釋迦牟尼	陳兵◎著	320 元
JB0009	你可以不生氣	一行禪師◎著	230 元
JB0010	禪修地圖	達賴喇嘛◎著	280 元
JB0011	你可以不怕死	一行禪師◎著	250 元
JB0012	平靜的第一堂課——觀呼吸	德寶法師 ◎著	260 元
JB0013X	正念的奇蹟	一行禪師◎著	220 元
JB0014X	觀照的奇蹟	一行禪師◎著	220 元
JB0015	阿姜查的禪修世界——戒	阿姜查◎著	220 元
JB0016	阿姜查的禪修世界——定	阿姜查◎著	250 元
JB0017	阿姜查的禪修世界——慧	阿姜查◎著	230 元
JB0018X	遠離四種執著	究給・企千仁波切◎著	280 元
JB0019X	禪者的初心	鈴木俊隆◎著	220 元
JB0020X	心的導引	薩姜・米龐仁波切◎著	240 元
JB0021X	佛陀的聖弟子傳 1	向智長老◎著	240 元
JB0022	佛陀的聖弟子傳 2	向智長老◎著	200 元

JB0023	佛陀的聖弟子傳 3	向智長老◎著	200 元
JB0024	佛陀的聖弟子傳 4	向智長老◎著	260 元
JB0025	正念的四個練習	喜戒禪師◎著	260 元
JB0026	遇見藥師佛	堪千創古仁波切◎著	270 元
JB0027	見佛殺佛	一行禪師◎著	220 元
JB0028	無常	阿姜查◎著	220 元
JB0029	覺悟勇士	邱陽・創巴仁波切◎著	230 元
JB0030	正念之道	向智長老◎著	280 元
JB0031	師父——與阿姜查共處的歲月	保羅・布里特◎著	260 元
JB0032	統御你的世界	薩姜・米龐仁波切◎著	240 元
JB0033	親近釋迦牟尼佛	髻智比丘◎著	430 元
JB0034	藏傳佛教的第一堂課	卡盧仁波切◎著	300 元
JB0035	拙火之樂	圖敦・耶喜喇嘛◎著	280 元
JB0036	心與科學的交會	亞瑟・札炯克◎著	330 元
JB0037	你可以，愛	一行禪師◎著	220 元
JB0038	專注力	B・艾倫・華勒士◎著	250 元
JB0039X	輪迴的故事	堪欽慈誠羅珠◎著	270 元
JB0040	成佛的藍圖	堪千創古仁波切◎著	270 元
JB0041	事情並非總是如此	鈴木俊隆禪師◎著	240 元
JB0042	祈禱的力量	一行禪師◎著	250 元
JB0043	培養慈悲心	圖丹・卻准◎著	320 元
JB0044	當光亮照破黑暗	達賴喇嘛◎著	300 元
JB0045	覺照在當下	優婆夷　紀・那那蓉◎著	300 元
JB0046	大手印暨觀音儀軌修法	卡盧仁波切◎著	340 元
JB0047X	蔣貢康楚閉關手冊	蔣貢康楚羅卓泰耶◎著	260 元
JB0048	開始學習禪修	凱薩琳・麥唐諾◎著	300 元
JB0049	我可以這樣改變人生	堪布慈囊仁波切◎著	250 元
JB0050	不生氣的生活	W. 伐札梅諦◎著	250 元
JB0051	智慧明光：《心經》	堪布慈囊仁波切◎著	250 元
JB0052	一心走路	一行禪師◎著	280 元
JB0054	觀世音菩薩妙明教示	堪布慈囊仁波切◎著	350 元
JB0055	世界心精華寶	貝瑪仁增仁波切◎著	280 元
JB0056	到達心靈的彼岸	堪千・阿貝仁波切◎著	220 元
JB0057	慈心禪	慈濟瓦法師◎著	230 元
JB0058	慈悲與智見	達賴喇嘛◎著	320 元
JB0059	親愛的喇嘛梭巴	喇嘛梭巴仁波切◎著	320 元
JB0060	轉心	蔣康祖古仁波切◎著	260 元
JB0061	遇見上師之後	詹杜固仁波切◎著	320 元

JB0062	白話《菩提道次第廣論》	宗喀巴大師◎著	500 元
JB0063	離死之心	竹慶本樂仁波切◎著	400 元
JB0064	生命真正的力量	一行禪師◎著	280 元
JB0065	夢瑜伽與自然光的修習	南開諾布仁波切◎著	280 元
JB0066	實證佛教導論	呂真觀◎著	500 元
JB0067	最勇敢的女性菩薩——綠度母	堪布慈囊仁波切◎著	350 元
JB0068	建設淨土——《阿彌陀經》禪解	一行禪師◎著	240 元
JB0069	接觸大地—與佛陀的親密對話	一行禪師◎著	220 元
JB0070	安住於清淨自性中	達賴喇嘛◎著	480 元
JB0071/72	菩薩行的祕密【上下冊】	佛子希瓦拉◎著	799 元
JB0073	穿越六道輪迴之旅	德洛達娃多瑪◎著	280 元
JB0074	突破修道上的唯物	邱陽・創巴仁波切◎著	320 元
JB0075	生死的幻覺	白瑪格桑仁波切◎著	380 元
JB0076	如何修觀音	堪布慈囊仁波切◎著	260 元
JB0077	死亡的藝術	波卡仁波切◎著	250 元
JB0078	見之道	根松仁波切◎著	330 元
JB0079	彩虹丹青	祖古・烏金仁波切◎著	340 元
JB0080	我的極樂大願	卓千拉貢仁波切◎著	260 元
JB0081	再捻佛語妙花	祖古・烏金仁波切◎著	250 元
JB0082	進入禪定的第一堂課	德寶法師◎著	300 元
JB0083	藏傳密續的真相	圖敦・耶喜喇嘛◎著	300 元
JB0084	鮮活的覺性	堪千創古仁波切◎著	350 元
JB0085	本智光照	遍智　吉美林巴◎著	380 元
JB0086	普賢王如來祈願文	竹慶本樂仁波切◎著	320 元
JB0087	禪林風雨	果煜法師◎著	360 元
JB0088	不依執修之佛果	敦珠林巴◎著	320 元
JB0089	本智光照—功德寶藏論　密宗分講記	遍智　吉美林巴◎著	340 元
JB0090	三主要道論	堪布慈囊仁波切◎講解	280 元
JB0091	千手千眼觀音齋戒—紐涅的修持法	汪遷仁波切◎著	400 元
JB0092	回到家，我看見真心	一行禪師◎著	220 元
JB0093	愛對了	一行禪師◎著	260 元
JB0094	追求幸福的開始：薩迦法王教你如何修行	尊勝的薩迦法王◎著	300 元
JB0095	次第花開	希阿榮博堪布◎著	350 元
JB0096	楞嚴貫心	果煜法師◎著	380 元
JB0097	心安了，路就開了： 讓《佛說四十二章經》成為你人生的指引	釋悟因◎著	320 元
JB0098	修行不入迷宮	札丘傑仁波切◎著	320 元
JB0099	看自己的心，比看電影精彩	圖敦・耶喜喇嘛◎著	280 元

JB0100	自性光明——法界寶庫論	大遍智　龍欽巴尊者◎著	480 元
JB0101	穿透《心經》：原來，你以為的只是假象	柳道成法師◎著	380 元
JB0102	直顯心之奧秘：大圓滿無二性的殊勝口訣	祖古貝瑪・里沙仁波切◎著	500 元
JB0103	一行禪師講《金剛經》	一行禪師◎著	320 元
JB0104	金錢與權力能帶給你甚麼？ 一行禪師談生命真正的快樂	一行禪師◎著	300 元
JB0105	一行禪師談正念工作的奇蹟	一行禪師◎著	280 元
JB0106	大圓滿如幻休息論	大遍智　龍欽巴尊者◎著	320 元
JB0107	覺悟者的臨終贈言：《定日百法》	帕當巴桑傑大師◎著 堪布慈囊仁波切◎講述	300 元
JB0108	放過自己：揭開我執的騙局，找回心的自在	圖敦・耶喜喇嘛◎著	280 元
JB0109	快樂來自心	喇嘛梭巴仁波切◎著	280 元
JB0110	正覺之道・佛子行廣釋	根讓仁波切◎著	550 元
JB0111	中觀勝義諦	果煜法師◎著	500 元
JB0112	觀修藥師佛——祈請藥師佛，能解決你的 困頓不安，感受身心療癒的奇蹟	堪千創古仁波切◎著	450 元
JB0113	與阿姜查共處的歲月	保羅・布里特◎著	300 元
JB0114	正念的四個練習	喜戒禪師◎著	300 元
JB0115	揭開身心的奧秘：阿毗達摩怎麼說？	善戒禪師◎著	420 元
JB0116	一行禪師講《阿彌陀經》	一行禪師◎著	260 元
JB0117	一生吉祥的三十八個祕訣	四明智廣◎著	350 元
JB0118	狂智	邱陽創巴仁波切◎著	380 元
JB0119	療癒身心的十種想—— 兼行「止禪」與「觀禪」的實用指引， 醫治無明、洞見無常的妙方	德寶法師◎著	320 元
JB0120	覺醒的明光	堪祖蘇南給稱仁波切◎著	350 元
JB0122	正念的奇蹟（電影封面紀念版）	一行禪師◎著	250 元
JB0123	一行禪師　心如一畝田：唯識 50 頌	一行禪師◎著	360 元
JB0124	一行禪師　你可以不生氣：佛陀的最佳情緒處方	一行禪師◎著	250 元

De Rijp 6 8658 LL Greonterp
www.usthus.nl

眾生系列　JP0141

寇斯的修行故事

The Story of Koos

作　　者／莉迪・布格（Lidy Bügel）
譯　　者／趙雨青
特約編輯／林資香
協力編輯／李　玲
業　　務／顏宏紋

總 編 輯／張嘉芳
出　　版／橡樹林文化
城邦文化事業股份有限公司
104 台北市民生東路二段 141 號 5 樓
電話：(02)2500-7696　傳眞：(02)2500-1951
發　　行／英屬蓋曼群島商家庭傳媒股份有限公司城邦分公司
104 台北市中山區民生東路二段 141 號 2 樓
客服服務專線：(02)25007718；25001991
24 小時傳眞專線：(02)25001990；25001991
服務時間：週一至週五上午 09:30 ～ 12:00；下午 13:30 ～ 17:00
劃撥帳號：19863813　戶名：書虫股份有限公司
讀者服務信箱：service@readingclub.com.tw
香港發行所／城邦（香港）出版集團有限公司
香港灣仔駱克道 193 號東超商業中心 1 樓
電話：(852)25086231　傳眞：(852)25789337
馬新發行所／城邦（馬新）出版集團【Cité (M) Sdn.Bhd. (458372 U)】
41, Jalan Radin Anum, Bandar Baru Sri Petaling,
57000 Kuala Lumpur, Malaysia.
電話：(603) 90578822　傳眞：(603) 90576622
Email：cite@cite.com.my

封面設計／陳采瑩
內文排版／歐陽碧智
印　　刷／韋懋實業有限公司

初版一刷／ 2018 年 5 月
ISBN ／ 978-986-5613-71-6
定價／ 300 元

國家圖書館出版品預行編目（CIP）資料

寇斯的修行故事 / 莉迪・布格（Lidy Bügel）著；趙雨青譯 . -- 初版 . -- 臺北市：橡樹林文化，城邦文化出版：家庭傳媒城邦分公司發行，2018.05
面；　公分 . --（眾生；JP0141）
譯自：The story of Koos
ISBN 978-986-5613-71-6（平裝）

1. 藏傳佛教　2. 佛教修持

226.965　　107005082

廣 告 回 函
北區郵政管理局登記證
北 台 字 第 10158 號

郵資已付 免貼郵票

104 台北市中山區民生東路二段 141 號 5 樓

城邦文化事業股份有限公司

橡樹林出版事業部 收

請沿虛線剪下對折裝訂寄回，謝謝！

|橡|樹|林|

書名：寇斯的修行故事 書號：JP0141

橡樹林文化

讀者回函卡

感謝您對橡樹林出版社之支持，請將您的建議提供給我們參考與改進；請別忘了給我們一些鼓勵，我們會更加努力，出版好書與您結緣。

姓名：__________ □女 □男 生日：西元__________年

Email：__________

● 您從何處知道此書？

□書店 □書訊 □書評 □報紙 □廣播 □網路 □廣告 DM

□親友介紹 □橡樹林電子報 □其他__________

● 您以何種方式購買本書？

□誠品書店 □誠品網路書店 □金石堂書店 □金石堂網路書店

□博客來網路書店 □其他__________

● 您希望我們未來出版哪一種主題的書？（可複選）

□佛法生活應用 □教理 □實修法門介紹 □大師開示 □大師傳記

□佛教圖解百科 □其他__________

● 您對本書的建議：

____

____

____

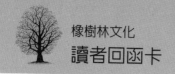